ちくま新書

解決！空き家問題

中川寛子
Nakagawa Hiroko

JN259644

1153

解決！空き家問題【目次】

はじめに

†最後にババをひくのは三〇代、四〇代

空き家関連の記事、情報が目につき始めたのはここ二〜三年のことである。それからあっという間に空き家は旬なキーワードになった。たいていのニュースであれば、ほんの何か月か、短ければ何週間もしないうちに、次の新しい関心事に話題は移るが、この問題に関しては知らん顔をして、じゃあ、次のニュースというわけにはいかない。空き家は厳然としてそこにあるし、これからも間違いなく増える。しかも、これまでのスピードの比ではないスピードで。問題のありようという意味で考えると、今、話題になっている空き家問題は単なる始まりに過ぎないのである。

そして、これまで見えてこなかった問題も含め、今後、さらに問題が深刻化した時に大きな負担を背負うことになるのは今、空き家を抱えている七〇代、八〇代ではなく、その

下の世代である。

現在の高齢者は年金もそれなりにもらっており、空き家になった賃貸住宅を抱えていてもやっていけている。あるいは現在、親の家を相続したばかりであれば、それを放置していても、すぐには空き家特措法が定めるところの、周辺に迷惑な存在とされる特定空き家に指定されるほどは劣化しない。空き家問題が喧伝されていながら、解決が進まないとされるのは、現在、空き家を抱えている人たちに実害がなく、痛くも痒くもないからである。

だが、その下の年代はそうはいかない。ババを引くのはこれから相続をする五〇代、六〇代だし、それ以上にもっとひどい目に遭うのは今の三〇代、四〇代の若い層である。実際、私の身の回りにもそうした例は少なくない。

たとえば、大阪在住の四〇代の友人は父親が山陰地方にある祖父の家を相続したのを知り、私に連絡をしてきた。家があるのは山陰本線の駅から車で三〇分ほどもある場所で、聞く限り、それほど不動産市場が活況な場所ではない。そのエリアに不動産会社があるのかも分からない。彼女自身も子どもの頃に一度、二度行った記憶があるくらいの場所だ。

本人にはもちろん住む気はなく、父親にも住む気がないのなら、早期に売ってしまったほうが良いというのが彼女の意思だったが、父親にはその気がない。父親にとっては思い出のある家であり、不動産はお宝である。そんなものを売れるか。何度か話はしたそうだが、結局は自分のモノをどうしようがお前には関係ないと切られたという。父親の死後、面倒を背負い込むことになるのは彼女だが、父親は娘には無関係とつっぱねるのである。

あるいは三〇代後半、三歳の娘を持つ東京在住の友人の手元には中京圏のある市から毎年、固定資産税の納税通知書が送られてくる。本人の弁によれば利用方法のない田舎の崖下の荒れ地、山林の分で、しかも、細かく分筆されて知らない親戚との共有名義になっており、支払額は月々三〇〇〇円ほど。彼は父がそうした財産を相続していたことを知らなかったため、父の死後、特に相続を放棄することもなく、そのまま、その土地まで相続したことになってしまったという。

いくらご先祖様の大切な土地とはいえ、彼自身は行ったこともない土地で、その土地の税金を死ぬまで払うとなるとかなりの金額だ。さらにそれを相続しなくてはいけない娘のことを考えると、こんな負の遺産は残したくないと思う……。

相続する空き家などないと思う人もいるかもしれない。だが、一人っ子同士が結婚した場合、実家は二軒。相続が発生する以前に家を買っていたら二軒が空き家になるし、一軒に住んでも残り一軒は空き家になる。また、子どもがいないなど、相続する人のいない親族の家を相続する可能性もある。そう考えると、今後、空き家問題はもっと切実な、誰にでも起こりうる問題になってくる。

†先送り思考が生みだしたもの

特に親が一九九五年の阪神・淡路大震災以降に建てられた、都市部の敷地のあまり広からぬ一戸建てに住んでいたとしたら、状況はさらに悪くなる。私道を中心に数軒が建てられていたり、敷地延長の先に建てられているような場合、家が簡単には取り壊せないかもしれないのだ。

阪神・淡路大震災では老朽化した木造住宅の被害が大きかった。それが拡大解釈されて木造住宅全体が危ないように喧伝されたため、阪神・淡路大震災後の木造住宅はそれまでより堅牢に建てられるようになった。それ自体はいいことなのだが、取り壊すことを考えるとまずいことがある。べた基礎なのである。

一戸建ての基礎には主に布基礎、べた基礎の二種類があるのだが、布基礎は建物の下に部分的にコンクリートを打つだけなのに対し、べた基礎は建物の下全部にコンクリートを打つ。このコンクリートを壊すのが非常に大変なのである。

住宅地盤調査・設計施工主任技師の高橋和芳氏によると「べた基礎を壊すとなると大型の重機が必要で振動、音ともにすごいことになる。マンションを壊すような作業になり、狭く密集した土地に建っている場合には重機が入れず、かつ、周囲への影響からなかなか許可がおりません」とのこと。

もちろん、従来よりも費用もかかることになる。一般に一戸建ての解体費用は一〇〇～二〇〇万円程度とされるが、プラスが生じるのはやむを得ない。取り壊し後、かけた費用以上の額で売れるなら良いが、そうでないとしたら不幸なことだ。

ちなみにこの、建物の基礎の問題は空き家、基礎に限ったことではない。現在までに日本で建てられた建物はほとんどすべて建替えを考えて建てられてはいない。最近でこそ、地盤改良後の土地は建替えをしたり、更地にして売る際には不利になることが言われるようになってきてはいるが、少し前までは気にもされていなかった。目の前の、建てるということだけしか考えずに建てられてきたのである。

この、目先のことだけを考え、先に待ち受けている問題は見ないようにする、問題を先送りするというやり方はこれまでの日本では広く行われてきたものである。金融機関の多くはバブル期に積みあがる不良債権を見ながら、何もしないで処理を先送りし、事態を悪化させたし、度重なる大企業の不祥事の大半は責任者が自分が在任中に発覚しないように見て見ぬふりを続けた結果である。さらに問題先送りの最たる例が大赤字だと言いながらも続く国債発行だろう。ツケが自分に回ってこないなら、先送りしておこうという考えが、現在露呈しつつある様々な問題の底に共通してあるのである。

もちろん、空き家問題もまた、先送り思考が生んだものである。この本の第1章では空き家の現状と発生のメカニズムについてまとめたが、住宅の数は空き家問題がクローズアップされるはるか以前、一九六八年の時点で世帯数を上回っており、数だけで見れば充足していた。にもかかわらず、政府は景気刺激になるからと、持ち家取得を奨励し続けてきた。長年、目の前の景気を優先し、将来、確実に増える空き家に目を瞑ってきた結果が現状というわけである。

本書の構成

第1章では、今後の空き家問題がより複雑化する可能性も示唆する。人間関係が希薄になった現代ではマンションの内部崩壊、軍艦島化なども考えられる。

だが、これまでは断片的にしか報道されてきていないが、現場では空き家はすでに様々な形で活用され始めている。リノベーションを経て本来の住宅として活用されているのはもちろん、シェアハウスになっていたり、住宅ではなくオフィス、カフェや飲食店、シェアアトリエとして活用されていたり、場所によっては高齢者や子育てを支援する施設になっていたりと、用途は様々。活用する主体も個人、行政、NPOなどと多様で、こんな使い方もあるのかと思うような利用法も生まれている。

その際、大事な点は空き家問題を一言で大きく括ってしまうのではなく、その個別性に注目、何が問題であるかを明らかにし、その土地に合わせた解決を探るというやり方である。

その際のポイントのひとつは空き家が「ある」ことが問題なのか、空き家に「なる」ことが問題なのかを整理、その違いを生み出す立地に着目することである。「ある」ことが問題になるのは都市部であり、「なる」ことが問題になるのは人口減少が顕著な地域と考えれば分かりやすいだろう。

第2章では空き家の活用を阻む、「立地」、「建物」、「所有者」、「相談先」の4つの障壁を解説する。利便性優先の都市部では使える土地は縮小しており、逆に物件供給の少ない地方都市では意外に空き家が売れたりするのだが、地方都市の状況が大都市圏に居住する空き家相続者に伝わっていないためか、空き家は放置されがちだ。情報のマッチングがうまく行っていない点が問題なのである。「建物」、「所有者」、「相談先」についても同様で、特に都会においては情報がうまく流通するようになれば解決できる空き家も少なくないはずである。

続く第3章では活用にあたって何を最も優先するかによって活用を「収益性」、「公益性」、「社会性」に分け、それぞれが立地によって決まることを解説する。「収益性」は貸す、使うことで利益が上がるもので、立地の良い場所であれば大都市圏はもちろん、地方都市でも成り立つ。「公益性」は貸せはするものの、収益よりは高齢者や子ども、地域に貢献することを中心に考えた活用法である。「収益性」が個人中心だとすると、「公益性」は地域との連携が必要になる。それ以上に地域が中心になるのは空き家バンクなどの社会性優先の活用である。

第4章、第5章、第6章ではこうした三種類の活用の実例を見ていく。まず、第4章では大都市圏など有利な立地を生かして収益性の追求が可能になった事例を紹介する。そうしたケースでは旧来の固定観念に捉われない柔軟な発想、シェアや情報拡散といった発想が空き家を活かすことが鍵になることを指摘したい。寿司屋をカフェに、銭湯をボルダリングジムに、築古アパートを外人専用シェアハウスや文化施設にといった実例を紹介する。さらに、所有者が費用を負担せずに改装、貸せる仕組みや古くて価値がゼロとされた物件を自宅にする人たち、自分で耐震改修を行う例など世に知られていないやり方も見ていきたい。

公益性優先の活用では厚生労働省のモデル事業や世田谷区、新潟市などの自治体の取り組みを紹介する。地域の個性を生かした使い方も行われるようになっており、空き家活用が地域の活性化にも繋がっていることが分かる。

社会性では二つの空き家バンクの成功例を取り上げるが、民間主体、自治体主体とやり方はそれぞれだ。愛情とデザインを特徴とする民間に対し、行政はこれまで手が付けられなかった農地と空き家をセットにした独自策を打ち出しており、主体の良さを生かすことが成功に繫がっているようだ。

空き家というとすでに起こってしまった事象のように思われているが、そもそも空き家を出さなければ問題は生じない。そのために有効な対策は空き家になる可能性を事前に知ることができるような人間関係作りである。第7章では地域での人間関係作り、ニュータウンでのタウンマネジメントなどの地道な取り組みを紹介する。

最後の第8章では買う側、残す側、残される側、それぞれの立場から空き家とどう付き合うべきかを具体的に検討する。いずれの立場になったとしても最悪の選択は先送りである。それをしないためにはどんな物件を、どこに買うべきか。残す場合には整理できる部分だけでも手を付けておきたいし、残された場合には活用できなければ早めの売却あるいは相続放棄という手もある。

また、一般には持ち家、賃貸住宅の空き家が取り上げられがちだが、この本ではそれに加え、今後、空き家化が進むであろう別荘、オフィスビルやUR（独立行政法人都市再生機構。かつての日本住宅公団などが再編されたもの）などの公的住宅についてもコラムで取り上げた。別荘は夫から妻への相続を経て、子どもに受け継がれる時点で空き家となることが多く、発生はこれから増えると見られる。ニーズ自体は一時期よりは復活しているものの、売れる立地、売れない立地は明確化しているという。

†未来にツケを残さない！

住宅の数自体は充足しているものの、世の中には多くの住宅困窮者が存在し、また、高齢者が安心できる住まいも少ない。そう考えると質としての住宅にはまだまだ足りないところもある。公的住宅の空き家活用はそうした質の向上に繋がるものと思われ、また、活用を考えて行くことはこれまでの経済、社会のあり方を見直すことという声がある。

私もその意見には同意である。空き家は問題を先送りにする社会の中で様々な制度や考え方の歪みが形となって表れたものである。様々な要素が入り混じっているため、本質が見えにくい部分があるが、需給のバランスが合わなくなったと単に数字的な問題として矮小化されるべきではない。本来はもっと大きな社会全体の仕組みと変化の中で考えるべき問題なのである。

極論を言えば、これまで当たり前と思ってきた社会や経済の仕組みそのものを疑い、ぶっ壊すつもりでかかったほうが良いのかもしれないと思うのである。たとえば、現在高齢化が進み、空き家が増えている郊外のニュータウンや住宅団地は日本が高度経済成長をしていく中で、消費と生産を切り分けることで効率的に人を働かせる仕組みだった。

だが、これからニュータウンや住宅団地を再生させようとした場合、従前と同じように、ただ、寝るだけの場所としての再生は距離的にも、規模的にもあり得ない。だが、そこに住む高齢者にサービスを提供する人を配し、次にそこで働く人にとって必要なサービスを作り……とかつて分離した生活と仕事を再度合体させれば、そこに小さな経済圏ができる。サラリーマンと専業主婦という組み合わせより効率的ではないものの、そうした小さな経済を回す仕組みをいくつか作れば、地域は再生できる。経済効率優先を疑い、違う道を考えれば、多少効率は悪くても持続的に収益が上がる方法はあるのだ。

そもそも、不動産業に限らず、他の業界でも早く、大量に安く作ることで大儲けという仕組みはすでに破綻している。全国均一で同じものが売れた時代はとうに終わり、ファストフードやファストファッションの巨大企業ですら、売れない時代が到来しつつある。これまでと同じやり方でモノを作って良いわけはなく、問題解決の方法もまた同様である。

一方で生産者と消費者の関係も確実に変わりつつある。お客様と祭り上げられてきた消費者がそのポジションに満足できなくなり、疑問を呈しているのである。

住宅の場合で考えると、特に若い年代は与えられた数少ない選択肢に満足していない。衣食住のうち、衣食に関しては金額から種類、内容まで個人の好みに合わせた幅広い選択が可能だというのに、住宅に関しては供給者側の言うなりの選択しかない。それはある意味、お客様となってきたための不自由である。であれば、お客様から脱し、自分で選択肢を作れないか。

その不満が表出しているのが昨今のリノベーションやDIYブームである。ノウハウが共有でき、多種の使いやすい材料が手に入る今、セミプロと言って良いほどの技術を持つ消費者であり、生産者に近い人たちが登場しているのである。

そんな彼らにとっての空き家は決して新聞が報道するような負の財産ではない。もちろん、どうしようもない物件があることは確かだ。実際にはかなりの数の物件が売れず、貸せず、活用されずに朽ち果てていくであろう可能性がある。だが、活用すれば面白くなる素材として、そこを活用することで地域が生まれ変わるきっかけとして見ている人も少しずつ増えており、その視点があれば、空き家は可能性であり、財産である。全国でリノベーションスクールが行われ、空き家活用のアイディアを競い合うことがその後の街の活性化に繋がる例が増えているのはその良い証左だろう。

古くなったら取り壊して新しいモノを作るという、安易な、誰にでもできるやり方しかしてこなかった国で、古いモノを上手に使うという、かつてあった、でも、最近まで忘れていたやり方が再生できれば、日本の未来は決して暗くはない。空き家をてこに社会、経済の仕組みを再考、再構築できれば、空き家だけでなく、日本そのものも再生できるのではないかと思う。

第1章

いずれは3軒に1軒が空き家?

——現状と発生のメカニズム

空き家は勝手に生まれてきたわけではない。

まずは、早くから分かっていた人口動態を無視し、景気対策としての住宅建設を推進した国の無策がある。そこに加えて、使い捨て感覚の価格に見合わない質の住宅供給、古くなれば価値をゼロとみなす金融機関、東京への一極集中、登記制度の不備に人間関係の希薄化からくる内部崩壊その他、様々な要因が絡まりあって、空き家は生まれている。

日本人が長年払い続けてきた住宅ローンも空き家同様に無価値となっている現状を考えると、私たちは空き家問題を契機に住宅そのものの意味、価値そのものを見直さなくてはいけない時期に来ているともいえる。

†人口動態を無視した住宅建設支援

空き家関連の書籍を開くとうんざりするくらい同じ数字が出てくる。二〇一四年七月に公表された総務省のデータである。全国の空き家の数八二〇万戸。総住宅数に占める割合は一三・五%、つまり、ほぼ七軒に一軒は空き家になっているという数字である。この数字について、調査方法に疑義を呈する人もいるが、身の回りで空き家が増えていることは多くの人が共通して感じていると思われるため、この本ではその問題には触れないこととする。

図表1－1　総住宅数・空き家数・空き家率の実績と予測結果

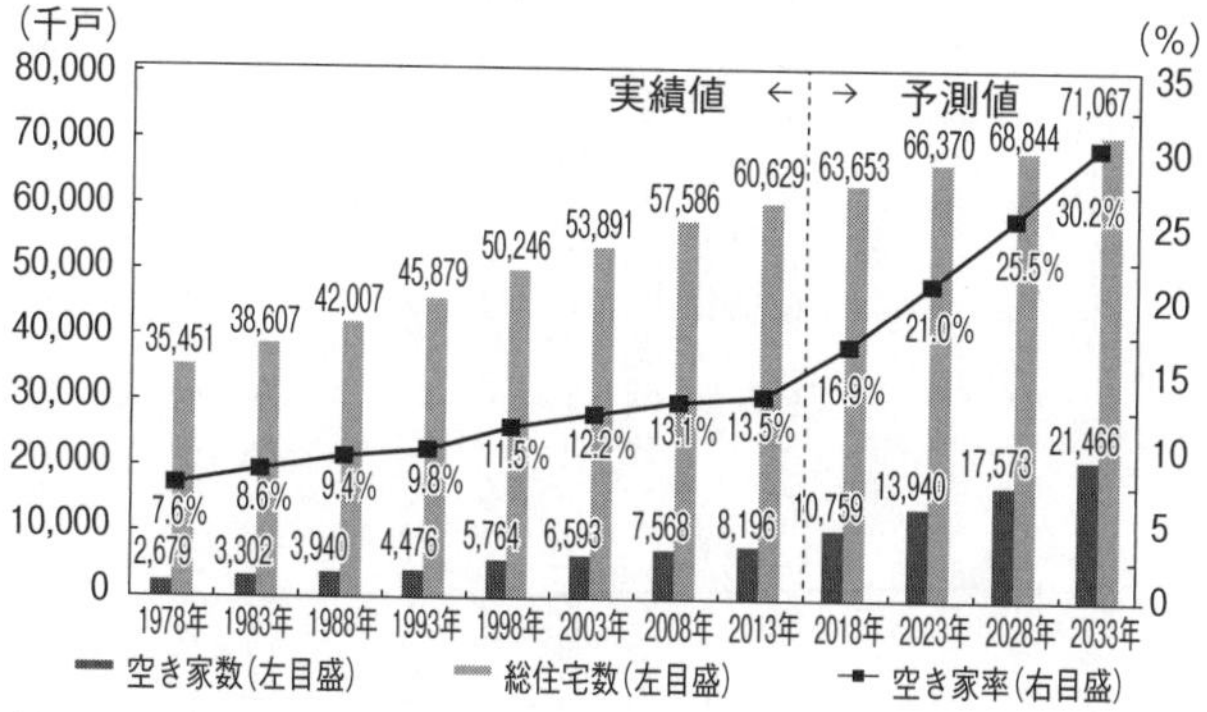

（出所）実績値は、総務省「平成25年住宅・土地統計調査」より。予測値はNRI。

さらに野村総合研究所（NRI）が二〇一五年六月一五日に発表したニュースリリースは住宅の除去、減築などが進まない場合、二〇三三年には総住宅数が約七一〇〇万戸、そのうちの三〇・二%、約二一五〇万戸が空き家になるとしている。三軒に一軒という割合である（図表1－1）。

なぜ、こんなにも空き家が増えてしまったのか、そして増えていくのか。データは淡々と公表され、まるで勝手に増えていったかのようになっているが、もちろん、そんなことはない。原因として答えはいくつも挙げられるが、大きなポイントは国の無策である。こうなることは早くから分かっていたのに、何もしてこなかった、これに尽きる。ここでは以下、その詳細を見ていこう。

無策のうち、空き家増にもっとも大きく寄与した要因は分かっていたはずの人口動態を無視、全体計画もなく、住宅建設を景気対策とのみ考え、ひたすら新築を作り続けてきたということである。

戦後、日本は未曽有の住宅不足に陥り、四二〇万戸が足りないとされた。しかし、それから二三年後の一九六八年、数自体でいえば住宅ストックは二五五九万戸となり、世帯数二五三二万戸を上回っている。

住宅の数が足りていただけではなく、この時点ではすでに少子化、高齢化その他、現在空き家発生に寄与しているであろう日本の将来人口の問題点は明らかになっている。

たとえば、一九六七年二月の厚生省人口問題研究所（現国立社会保障・人口問題研究所）の月刊誌「人口問題研究」一〇〇号記念特集「日本人口の構造と変動」によると「わが国の出生率は、周知のように戦後一九五〇年以降急激な低下をきたし、一九五六年以降純再生産率は一を割るに至っている。〔中略〕なお、それは、西欧先進諸国に比べてもきわめて低い水準にある」とあり、この時点で出生率はすでに欧米よりも低い水準にあったことが分かる（林茂「再生産力に関する見通しと問題点」）。ちなみに出生率は人口一〇〇〇人あたりにおける出生数をさし、昨今取り沙汰される一人の女性が生涯に何人の子どもを産むかという合計特殊出生率とは異なる。

また、日本の人口問題を特集した一九六八年四月の同誌では「人口の高年化あるいは老年化傾向の急速に進行する局面がある」と高齢化の行く末を示唆、「出生率の着実な低下傾向も、第一次世界大戦以降・大正時代後期から始まっていた」と少子化も戦前からの大きな流れであったことを指摘している（本多龍雄「現下の人口および人口問題の問題史的意義」）。

つまり、戦後、一時的に住宅が足りなくなったのは事実ではあるが、一九六八年には数的に充足していたし、全体の人口動態でいえば早くから少子化、高齢化、そしてそれによる人口減少は分かってはずなのである。それなのに、日本は住宅を作り続けてきた。というより、作ることが是と国は国民のお尻を叩いてきた。

†住宅は最強の経済刺激策

それは住宅建設が景気刺激にもっとも手っ取り早く効くからである。一般社団法人住宅生産団体連合会のホームページによれば、住宅建築一〇〇〇〇戸の経済波及効果は持ち家の場合で、住宅投資額二五〇〇億円に対し、住宅建設に伴う耐久消費財の購入額二一億円に加え、様々な需用を掘り起し、最終需要に対する生産誘発額は五一七億円になるとしている（図表1－2）。

家を買う、建てる人が二五〇〇億円を投資したら、それが最終的に倍以上の消費に繋がる

図表1－2　住宅建築1,000戸の経済波及効果（持家）

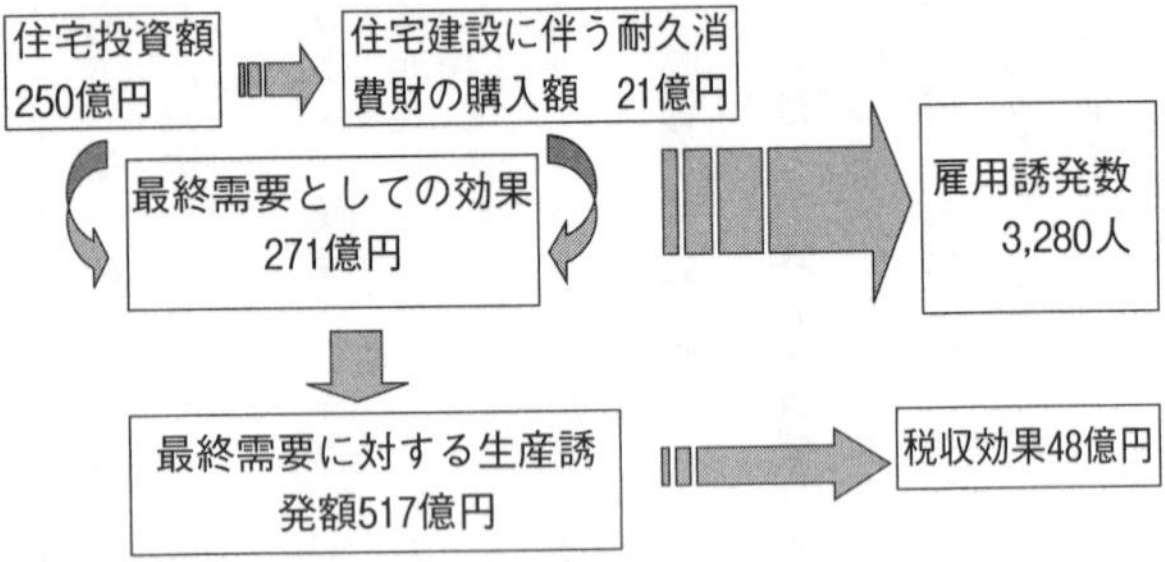

■住宅産業は裾野が広い産業（林業・セメント・鉄鋼・家電・家具 etc.）
→内需の柱
■地方経済の活力への影響が大きい（地場工務店・建具屋・畳屋 etc.）
■地方税収の大きな支えとなる
（出所）一般社団法人住宅生産団体連合会

というのだから、目の前の刺激が良くなったことを手柄にしたい人にはありがたい限り。どんどん建てるべしと、今も住宅ローン控除やら、住宅取得資金贈与の特例その他のニンジンを消費者の前にぶら下げ続けているのはご存じの通りである。

九〇年代の不況時には公共投資だけでは景気が動かないと、旧住宅金融公庫に最初の五年間だけは返済がラクになる「ゆとり返済」の制度を導入、本来は資金的に厳しい人にまで家を買わせたことすらあったほどだ。当初の五年が過ぎた後に返済額が一・七倍にもなる制度にローン破綻が続出したものである。個人に住宅購入を勧め、その人たちの破綻は自己責任として、その支出を持って国の経済をなんとかしようというやり方はずいぶん勝手だと思うが、そうまでしても、国はずっと家を建てさせたかったのである。

だが、今後のことを考えたら、そろそろ新築は何らかの形で抑制していくべきだろう。ホームズ総研所長の島原万丈氏は空き家問題は冷蔵庫に卵が余っている問題と表現する。

子どもが卵好きだったもので、子どもがいなくなってからも昔の習慣で、スーパーで卵が安売りされる度に買ってきてしまう。当然、食べきれなくてどんどん冷蔵庫の中には卵が溜まっていくし、中には悪くなった卵も出てきてしまった。では、どうするか?。

島原氏の答えはこうだ。

「まずはこれ以上卵を買わないようにする。それが新築の抑制。これが一番効果的です。それから悪いのは仕方ないので、捨てる。質の悪い住宅も同様に徐々に減らしていくしかない。あとは卵料理のレシピを開発して食べるようにする。空き家問題でいえばリノベーションをして新しい価値を付加、その空き家を使ってくれる人を作ると言うやり方です。あとは人を呼んで食べてもらう。これはインバウンドで人を呼び込み、その建物を使ってもらう。そうしたいろいろの手で卵の量を適正にしていく。不動産は立地によって活用も違えば、背景も違うので、何かひとつの手を打てば、問題がすべて一度に解決するような方法はないので、少しずつ小さな手を打ち続けるしかないですね」。

卵が大量に詰まった冷蔵庫をイメージすれば、今後は卵を買わない、買うとしても必要量だけにすることが解決への道と思われるが、現実の新築抑制には景気への思惑その他の障壁があり、なかなか進んでいない。

作り続けていることに加え、景気浮揚の道具として使われてきた新築住宅建設に長期的な展望が抜けていたこともまた、空き家を生む要因になっている。分かりやすいのは多摩ニュータウンなどに代表されるニュータウンである。

いずれ社会が豊かになる日が来ること、働く女性が一般的になる日が来ること、車があって当たり前の日が来ること、そうしたことを考慮せずに初期の団地は作られ、同じ年代の人たちが一気に入居し、現在、一気に高齢化、空室増が進んでいる。駅から遠い、坂道の先の五〇㎡弱の三ＤＫ、駐車場無し。それが今の生活に合わないことは言うまでもない。建物が古くなった以上に長期的な展望がなかった点が空き家を生む要因になっているのである。

ニュータウンに関しては分譲主体が民間で、一戸建て主体だったような物件でも同様に遠くて不便、今の時代には広すぎる、坂道が大変などの理由から空き家、空き家予備軍となっているケースが少なくない。

†住宅は使い捨て商品?

そもそも、住宅の質にも問題がある。原価が低すぎるのである。つまり、市場での価格が、品物の値段に見合っておらず、高く設定され過ぎているのである。特に全国展開をしているハウスメーカーやデベロッパーの建てる住宅は宣伝広告費など、直接住宅の品質に関わらない経費が多く含まれている。

ハウスメーカーの例で見てみよう。戦後、日本の住宅市場で活躍してきたハウスメーカーは日本独自の仕組みで海外にはない。たとえばアメリカでは地場の工務店が地元で家を建てる。地域の顔の見える範囲で作っているから広告宣伝費や余分な人件費は不要で、建物の原価は八〇％ほどだ。ところが日本では六〇％ほどになるという。

広島で住宅取得コンサルティングなどを行うでダブルスネットワークの若本修治氏によると「大手プレハブメーカーの建物の製造原価、工場を出荷する時の額は坪あたりで一〇数万円くらい。大量生産だから安いと彼らは良く言いますが、この時点では確かに安いのです。ところが、それが輸送され、現場で建てられ、最終的に客が払う単価になると数十万円、あるいは七〇万円などと安くはなくなる。関わる部署、事業部単位で利益を載せていくからで、工場出荷額は社内でも教えてもらえないほどのマル秘事項です」。

同じ一五〇〇万円の家でも家そのものにかかった金額が一二〇〇万円か、九〇〇万円かでは違いが出るのは当然だ。

図表1－3　住宅ストックの断熱性能（約5,000万戸）

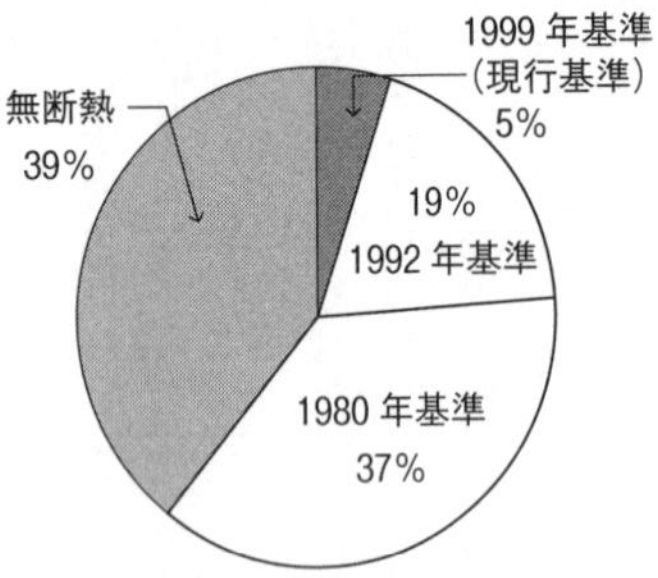

（出所）統計データ、事業者アンケート等により推計（2012年）

新築マンションも一度買われたら、その時点で二割〜三割は安くなる。車その他の商品も同様に安くはなるが、元の値段とその割合を考えると、住宅の下がりっぷりは半端なく大きい。実際の建物の値段は新築時の価格とイコールではないというわけだ。

　実質的に家本体に掛けられている価格が安いためだろうか、質も低い。それがもっともよく分かるのが省エネ性能である。日本で住宅の省エネ性能の基準ができたのはオイルショック後の一九八〇年。それまでは全く基準がなく、だから、昭和三〇年代、四〇年代に建てられた家は寒くて暑い。

　それ以降、一九九二年、一九九九年、二〇一三年と基準が作られているが、その基準で作られている既存住宅は実に少ない。国土交通省の二〇一三年の資料（図表1－3）によると、そもそも、三九％が無暖房なのだ。多少断熱されているとはいえ、三七％を占める一九八〇年基準は効果があるようには思えない。つまり、日本の既存住宅は七五％くらいが無暖房の、やっぱり寒くて、暑い住宅なのである。高齢になってまで住み続けたくない、相続しても住みたくないと思う人がいるのは無理ないことともいえるのだ。

住宅の質についての問題は省エネ性能だけに限らない。二〇〇八年の住宅ストック約五〇〇〇万戸のうち、一七〇〇万戸は新耐震基準以前に建てられた耐震性に欠けるとされるものだし、耐震診断・改修の現場からは新耐震基準後の建物のうちにも危険はあるという声もある。高齢者介護を施設から地域、在宅へと言いながら、車椅子の通れない廊下、介護者と一緒に利用できないトイレなどのある住宅のほうが多いのが現状でもある。高い買い物なのに、それに見合った質が伴わない。それが日本の多くの住宅である。

†二〇年経てば価値ゼロ？

しかし、そんな、価格ほどに価値がない家でも金融機関はお金を貸してくれる。金融機関に建物を査定するノウハウがないため、かつて住宅金融公庫が作った、家を買う、建てる人の年収と住宅の見積もりで融資額を決める仕組みが一般的になっているのだ。

そのため、新築時は価値以上に貸してくれるが、その後、中古になると今度は途端に手のひらを返される。中古住宅を査定するノウハウがないため、今度は新築時とは違う基準を持ってくるためだ。

それが法定耐用年数から来る誤解である。多くの日本人は住宅は古くなると価値が落ち

図表1－4　住宅の法定耐用年数

構造		事業用（賃貸用）		自己の居住用	
		耐用年数	定額法償却率	耐用年数	定額法償却率
鉄骨鉄筋コンクリート造 鉄筋コンクリート造		47年	0.022	70年	0.015
れんが造、石造 ブロック造		38年	0.027	57年	0.018
金属造	骨格材の肉厚4mm超	34年	0.030	51年	0.020
	骨格材の肉厚3mm超4mm以下	27年	0.037	40年	0.025
	骨榕材の肉厚3mm以下	19年	0.052	28年	0.036
木造、合成樹脂造		22年	0.046	33年	0.031
木造モルタル造		20年	0.050	30年	0.034
建物付属設備		種類により耐用年数3年～18年			

（注）表内の償却率は2007年3月31日以前に取得した場合。2007年4月1日以降および2012年4月1日以降の取得では、償却率がわずかに異なる場合がある。1998年3月31日以前に取得した事業用建物は旧定率法による償却も認められている。

ると思い込んでいる。だが、法定耐用年数は税務用に作られたもので、年数が経つごとに税負担が軽減される仕組みで、そのモノの価値が下がるという意味ではない。

しかし、価値が分からない人間からすると分かりやすい指標はありがたい。そこで本来は住宅の価値とは何の関係もないはずの法定耐用年数を持ち出し、古い建物は価値ゼロと決めつけられることになるわけである。

特に自己居住用の住宅に関しては本来事業用の一・五倍となっているにも関わらず、耐用年数表には事業用の記載しかないため、木造住宅は二二年（本当は三三年）、鉄骨鉄筋コンクリート造は四七年（本当は七〇年）という誤解も受け、本来よりも短い期間で価値ゼロとされてしまうという憂き目も見ている（図表1－4）。

この、古くなったら価値がなくなるという誤解は古い家の状態をさらに悪くする効果も生んでいる。どうせ価値がなくなるのなら、手入れしても仕方がないという諦念である。

そもそも、日本人は自分で我が家に手を入れるという習慣がない。いや、戦前は自分で棚を吊るのはもちろん、多少のモノは作っていた人が少なくなかったはずだし、それ以前であれば小屋程度は作っていた人もいたはず。さらに古くは結《ゆい》と呼ばれる集落内の相互扶助組織が屋根葺きや家屋建造をやっていたことすらある。だが、戦後になってから、DIYは最近に至るまで日本人にはなじみのないものだった。

リフォームも最近では建替えるより安くつくことが知られるようにはなってきたが、一〇数年前までは建替えと同じくらいかかるとされていた。そのため、建替えられない人は劣化に任せたまま。家は人が住んでいても放置されていたようなものだったとも言える。

また、一戸建てを買う人の中にはマンションのように管理費、修繕積立金が必要ないから月々の出費が安くなると考える人が少なからずいる。そんな人たちが定期的にメンテナンスをするわけはなく、家は経年と共に劣化していく。特に一戸建て、賃貸住宅に関しては適切な手入れがないための劣化、そのための空き家化はよくあるパターンである。

図表1－5　既存住宅流通シェアの国際比較

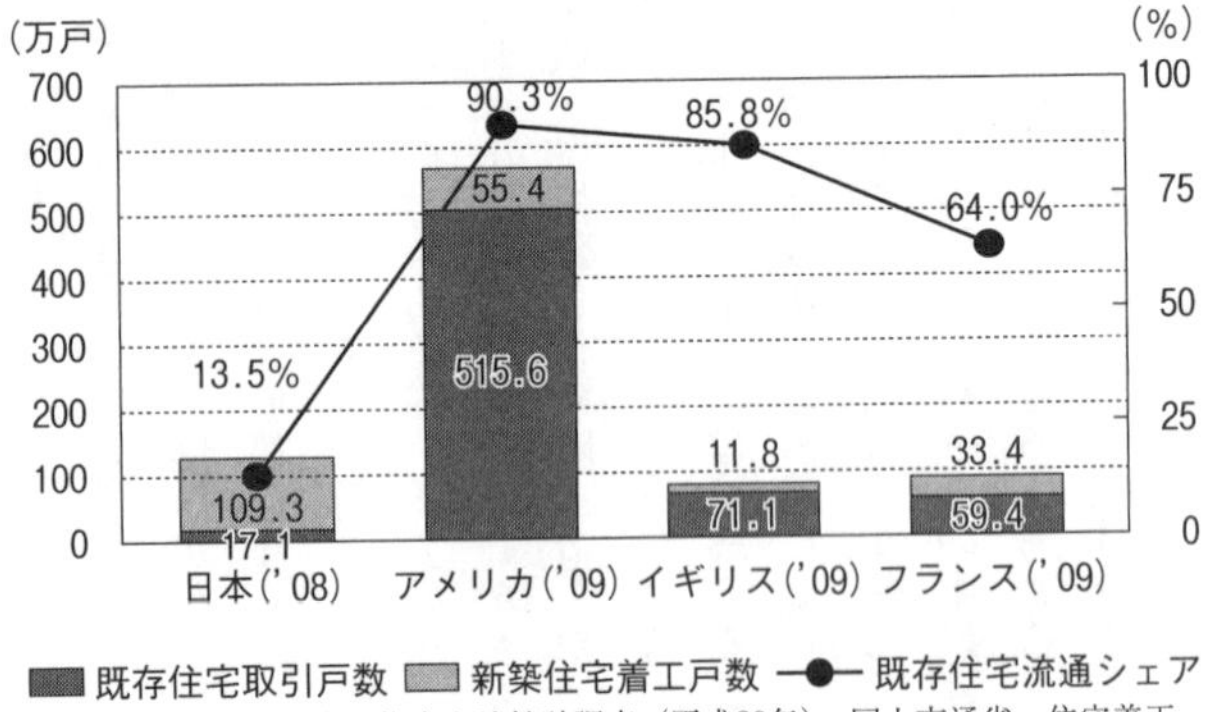

（出所）日本：総務省　住宅土地統計調査（平成20年）、国土交通省　住宅着工統計（平成23年）　アメリカ：Statishcal Abstract of the U.S.2009 イギリス：コミュニティ・地方政府省ホームページ（既存住宅はイングランドおよびウエールズのみ）

幸い、マンションに関しては管理組合が機能している限りにおいてはある程度の維持管理は行われているので、今の段階ではそこまでひどい状態に陥っているケースはそれほど多くはない。だが、投資用マンションで名目上、管理組合はあるものの、所有者たちが利回り以外に関心がないような物件ではスラム一歩手前という危機的状況にある物件もすでに出始めている。

宙に消えた五〇〇兆円

新築優先、数優先で住宅を作り続け、中古の価値が適切に査定されない状況が相まって日本では既存住宅、つまり中古住宅があまり流通していない。既存住宅が住宅市場の中でどの程度の割合を占めるかを国際比較してみると、日本は一三・五％に過ぎないのに対し、アメリカは九〇・三％と九割以上、イギリスも八五・八％と非常に高く、フランスは少し下がって、それでも六四・〇％である（図表1-5）。

アメリカ、ヨーロッパなどを訪れたことのある人であれば、都市の、特に中心部では古い建物がほとんどであることをご存じだろう。こうした国では建物が古くなったからといって価値が下がることはなく、その場所に人気が出れば築年数に関係なく、価格は上がる。手を入れて価値が上がったと判断されれば、価格も上がる。長く持つ建物を作り、丁寧に維持管理をしていることが評価されるのである。

だから、日本のように家を買うことで貧乏になりはしない。それを表したのが図表1-6（グラフは二〇〇九年まで）である。日本では一九六九年から二〇一三年までに八九三・三兆円の住宅投資が行われてきている。しかし、二〇一三年時点でそれは三四九・八兆円にしか評価されておらず、差額の五〇〇兆円はどこかへ、霧散した状態になっている。

個人ベースで考えると、返済期間三五年の住宅ローンを組んで家を買ったとすると払い終わった時には買ったもののうち、建物の価値はゼロになっている。いずれゼロになるものを買うのに、一生をかけているのだ。国土交通省の試算では二人以上勤労者世帯のうち、五〇歳以上の世帯では住宅購入で二〇〇〇万円程度の資産が減価してしまうという試算をしているほどだ。

この状況が日本人を貧乏にしている。親が家を買って住宅ローンを払い続ける。しかし、子どもがその家を相続した時点では建物の価値はゼロと査定される。そこに社会の変化による建物、設備、間取りの陳腐化、適切な手入れの欠如が加わったとすると、子どもはその家には住み続けない。その前に、もし買える状態にあるなら、自分で家を買う。代々住み続けることができるなら、各世代がそれぞれにローンを払い続ける必要はないはずだが、住み続けられないから、新しくまた家を買う。かくして親の家は空き家になり、子どももまた、ゼロになるもののためにローンを払う。悪い夢の循環である。

親も住宅ローンを払い終わり、ようやく家が自分のモノになる頃には老齢期に差し掛かっている。その時点で、こんなに大きな家は要らない、それよりは介護のことも考えて老後は施設に入ろう、その資金にと思っても家は売れない。あれだけ多額のローンを払ったにもかかわらず、資産になっていないのだ。

この逆が起こっているのがアメリカである。アメリカでは投資額をストック額が上回っており、若いうちに家を買い、値上がりを待って売れば、もっと広い家に住めるし、リタイア後のために家を売れば、買った時以上の額になって戻ってくる。住宅ローンを払い続けるのは割のいい貯蓄をしているようなものなのだ。

図表1－6　日米の住宅投資額累計と住宅資産額

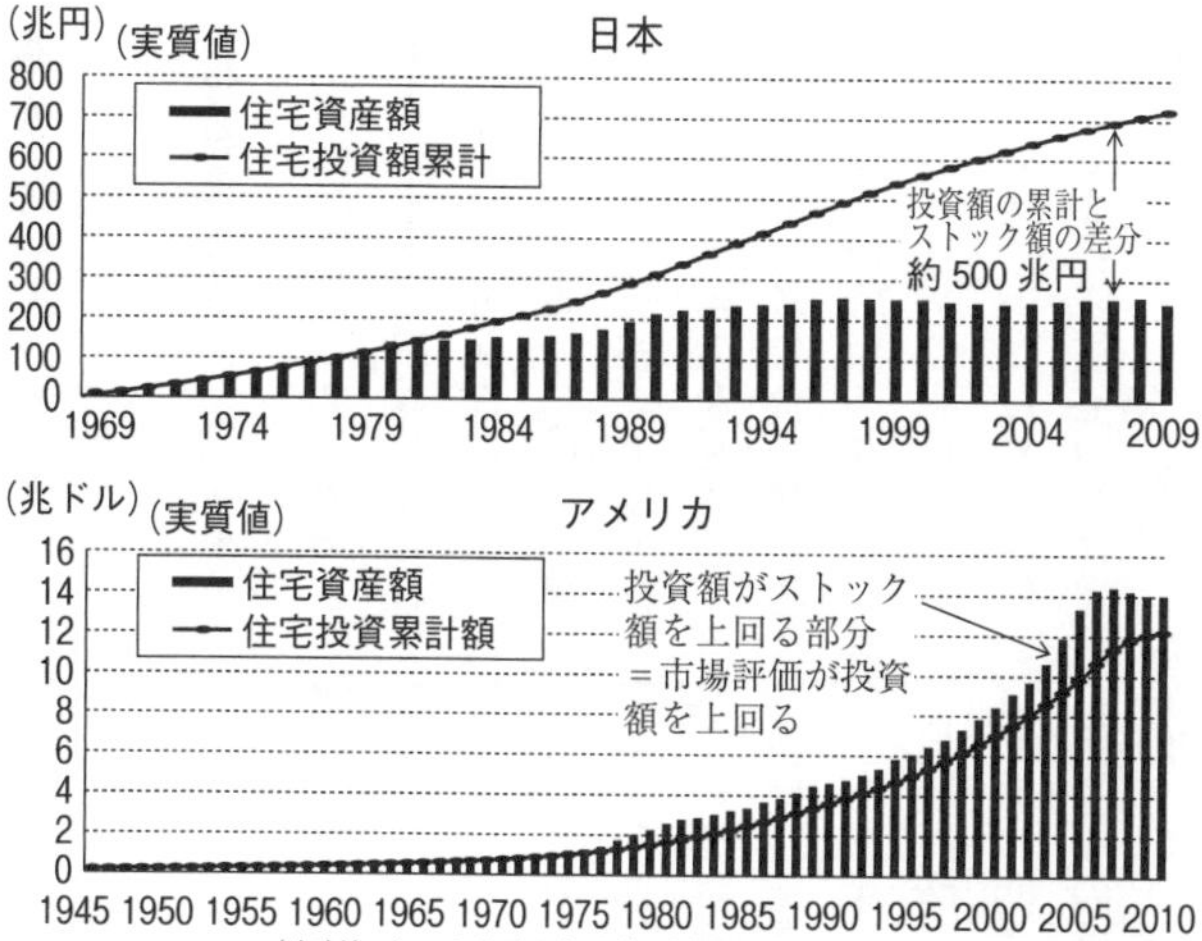

（資料）上：国民経済計算（内閣府）下：ＦＲＢ、米国商務省

この違いを生み出したのは、ひとつには冒頭から書いているが国の無策。住宅政策の失敗が空き家を生み、日本人を貧乏にしてきたのである。

そして、もうひとつは新築信仰に踊らされてしまった住宅購入者である。新しいモノが絶対という意識がある限り、同じ循環は繰り返される。幸い、若い層の中には新築のツルピカよりも、中古、特に古い家のノイズが好きという人たちが少しずつ、全体としてはまだまだわずかだが、出つつある。そういう人たちが市場の主流になってくれば、本当に資産になる住宅が大事にされる時代がいずれ来るかもしれない。

だが、国はこうした矛盾に気づき、中古流通推進のための施策を打ち出しつつも、新築購入を後押しする施策も止めてはいない。どこかでこの循環を断ち切らなければ、空き家は減りはしないだろう。

†相続対策にならないアパート

相続対策としてのアパート建設も空き家増に貢献(!)してきた。というよりも、現在もアパート建設は続けられており、こうした物件の多くが一〇年、二〇年後に空き家になるであろう可能性は非常に高い。

国土交通省の二〇〇七年の調査によると大家が賃貸住宅の経営に携わった動機のうち、相続対策は三四・七%、節税対策は二四・三%だったという。アパートは事業として積極的に地域の需要を見て建てられるのではなく、税制による誘導で建てられているのである。当然、ニーズに合わない物件も多い。空き家八二〇万戸のうち、賃貸住宅の空き家は四二九万二三〇〇戸あり、空き家のうち、半分以上は賃貸住宅なのである(図表1-7)。

二〇一三年の総務省住宅・土地統計調査では持ち家を意味する「その他の住宅」の増加が目立っていたため、話題がそちらに向き、持ち家の空き家化が話題になっているが、数としては賃貸住宅の空き家が圧倒的なのである。

しかも、東京都では七〇%、次いで神奈川県、大阪府、福岡県、沖縄県が五〇%台など、

図表１－７　空き家の内訳

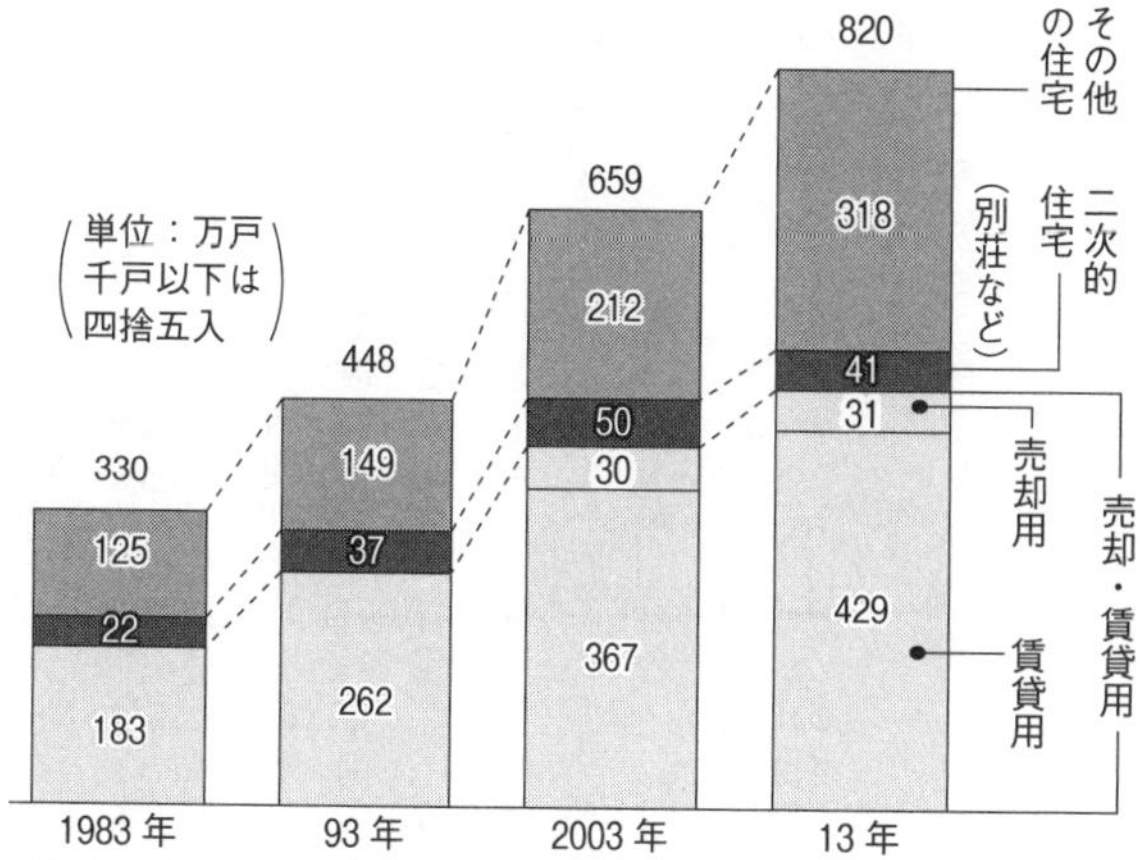

（出所）総務省「住宅・土地統計調査」から

図表１－８　新築住宅の利用関係別戸数

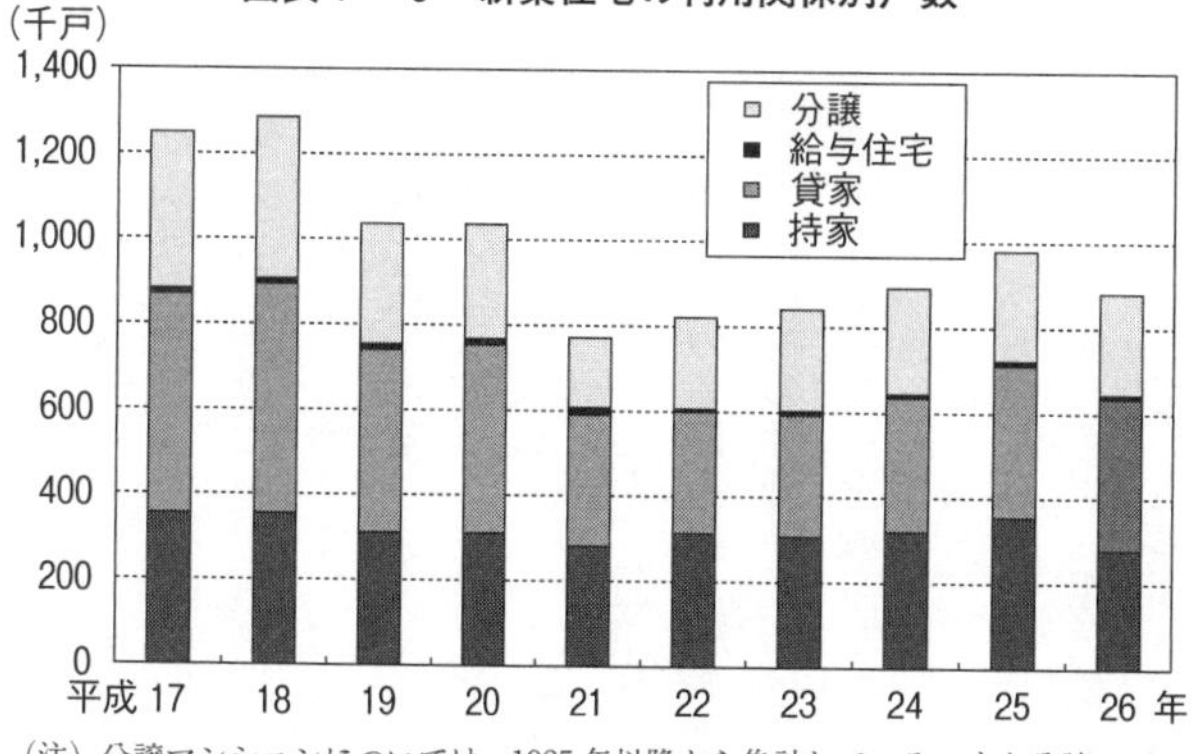

（注）分譲マンションについては、1985年以降から集計している。また分譲一戸建については、昭和63年以降に一戸建と長屋建が区分されている。マンション（利用関係…分譲住宅，建て方…共同建，構造…鉄骨鉄筋コンクリート造，鉄筋コンクリート造、鉄骨造）一戸建（利用関係…分譲住宅，建て方…一戸建）

建物の種別で見ると空き家のうちで共同住宅が占める割合が大きい自治体があり、これらのエリアではマンション、アパートなど賃貸住宅での空き家が多いことが推察される。

実際、都心の一等地などの一部を除き、賃料は、近年は緩やかではあるもののバブル期以降、下落を続けており、空き室も増加。特に築二〇年、三〇年以上の中古物件、駅から一五分以上ある、バス便利用などの物件では空室が埋まりにくくなってきている。建てれば入居したい人が殺到する、三〇年前のような状況ではないのである。

ところが、それでもなお、賃貸住宅は建てられ続けている。二〇一三年度の新設住宅着工戸数をみると、賃貸物件は前年よりも一五%以上増えており、約三七万戸。この年は翌年に消費税増税を控えていたため、全般に着工戸数は増えているのだが、賃貸住宅の伸びは他に比して大きい(図表1-8)。二〇一五年一月から相続税の基礎控除が引き下げられることをにらみ、土地で持っているより賃貸住宅を建てて相続税の評価額を下げ、建設のために借金をすることでマイナスの財産を増やし、結果として相続税を減らしたいという意図の結果である。

だが、残念なことにこうしたアパート建設は相続税を減らす対策にはなっていても、相続自体をうまく行かせる対策にはなっていないことが多い。とりあえず、相続税は減らせるが、そこにしか力点が置かれていないため、将来うまく経営していけるような計画でないことが少なくないのである。

多くの大家はハウスメーカーなどが囁く、三〇年間一括借上げ、家賃保証などという言葉に自分は何もしなくてもいい、子どもは税金を払わなくても住む、自分もラクして儲かるかもしれないと錯覚する。そのため、ニーズに合わない立地、間取りであろうが、不当に建設費が高かろうが、空室は絶対に出ないような甘い収支計算がなされていようが、賃貸住宅建設を推し進めることとなり、早ければ二年後には現実の厳しさに直面する。

賃貸住宅経営は当初の投資時点で計算を間違えてしまうと、それを後日修正することがほとんどできないビジネスである。本来であれば、甘言に騙されないよう、大家自体が経営者という意識を持って対処できれば空き家増に貢献せずに済むはずだが、残念ながら現時点で相続を目前にしている年代にはそこまでの経営意識、情報収集能力がないことが多い。最近はサブリースの問題がテレビで取り上げられるなど、調べる気になればいくらでも分かるはずだが、残念ながら、まだまだアパートは建てられ続けている。これらの多くは近い将来の空き家予備軍というわけだ。

東京一極集中・地方の空洞化

国が無策だったのは住宅においてだけではない。このところ、東京一極集中の弊害を問う論調があるが、この問題も新しいものではない。冒頭に挙げた本多龍雄氏の論文はこの時点ですさまじい巨大都市への人口の集中現象を指摘しており、さらに「今日の人口移動の現状には、受け取る側にも、送り出す側にも、それに対応する手当なしに進行している憾みが濃い」と経済の論理にのみ従う状況に懸念を表している。

実際の集中は一九六〇年代から始まっており、バブル崩壊で一時沈静化を見せるなど時代によっては多少の変化はあったものの、流れを押しとどめるにまでは至っていない。この間、一九九八年三月に当時の国土庁が発表した『二一世紀の国土のグランドデザイン』に至るまでの五度に渡る全国総合開発計画には「地域間の均衡ある発展」「多極分散型国土」などという文言が盛り込まれてきたが、いずれの論議も尻すぼみに終わっている。一九九〇年代には首都機能移転論争があり、現在も国土交通省のホームページ内には国会等の移転ホームページなるコーナーがあるが、内容を見る限り、積極的に動いている感じは受けない。

逆に東日本大震災後は被災地である東北地方からの流入もあり、首都圏集中は加速している感すらある。東京都は二〇一三年に国際競争力強化などを掲げて新設された国家戦略特区に指定されており、それを根拠に展開される各種施策は東京一極集中を促すような内容になってさえいる。

図表1－9　空き家の多い自治体・少ない自治体

空き家数の多い5自治体		空き家数の少ない5自治体	
山梨県	20.4戸	東京都	11.1戸
長野県	19.3戸	愛知県	11.0戸
和歌山県	17.9戸	埼玉県	10.7戸
高知県	16.7戸	神奈川県	10.5戸
徳島県	16.0戸	沖縄県	10.2戸

注）いずれも100戸当たり。2008年の空き家数÷住宅総数×100で住宅100戸当たりの空き家数を算出。

一方で地方は人口減少、経済の疲弊など空洞化が進んでいる。空き家についても首都圏を中心とする都市部では少なく、地方圏での多さが目立つ（図表1－9）。

もう少し範囲を広げ、地域的に見ると関東外縁部、中国、四国、九州で空き家率が高くなっており、これは六五歳以上人口が多いエリアとも全体の傾向として重なる。地方の高齢者が多い地域では空き家率が高いのである。つまり、地方での空き家対策はイコール地域の若返り、活性化でもあると考えられるわけである。

†相続時期も高齢化

寿命が延び、相続の時期が高齢化していることも空き家増に影響している。たとえば、父が八〇歳、残された母がその後、八五歳で亡くなったとすると、子どもは若くても五〇代、六〇代になっている。

もし、そこでよほど条件の良い住宅が残されたのなら住む人もいるだろうが、五〇代、六〇代にもなっていればすでに家を購入している場合も多いし、それまで暮らしてきた土地で培ってきたものを捨ててまで実家に戻ろうとはしないだろう。

また、賃貸住宅を経営していた場合も、高齢になった両親がきちんと管理していなかった物件であるとすると、子どもたちが相続したがらず、放置されるケースが考えられる。実際、私の知る中にも、老朽化し、空室だらけの賃貸アパートを相続したくないという声は少なくない。

現在、四〇代から五〇代くらいの二代目大家には大家業は経営であることを意識、きちんとした経営をしている人が少なくないが、それ以前の世代の大家にとっての賃貸経営はたいていの場合、片手間の仕事。収支が合っていないことも多く、早いうちに子どもが管理を引き継ぎ、経営を立て直していれば別だが、そうでなければ子どもにとっての賃貸住宅は負の財産でしかない。

他の財産があることから、相続放棄はしないものの、建物自体は放置。そうした形で空き家化する賃貸物件も少なくない。

†登記制度の不備

空き家問題の底にはまだ多くの人が知らない、空き家を増やす問題が潜んでいる。そのひとつが登記制度の不備だ。不動産に価値がある都会に住んでいると、不動産を売買したり、相続をしたら登記をしないことはまず考えられない。だが、登記すべき不動産に登記費用以上の価値がないとしたらどうだろう。

不動産登記は土地、建物別となっており、一筆の土地あるいは一個の建物ごとに表題部と権利部に区分して登記される。そのうち、建物の表題部は建物の物理的な現況を明らかにするもので建物表題登記と言われ、税金と連動するものであるため、必ず、登記しなくてはいけないことになっている。本来、登記は当事者の申請または官庁・公署の嘱託によってなされるものだが、不動産の表示に関する登記については例外的に登記官の職権による登記が認められているほどである。

ところが、必ず登記しなくてはいけない表題部と異なり、もうひとつの権利部についてはおかしなことに、この義務はない。不動産登記法は「所有権の保存の登記は、次に掲げる者以外の者は、申請することができない」として表題部所有者又はその相続人その他の一般承継人などを挙げている。「申請することができない」は申請しなくても良いということで、実際、実害がないなら書き換えコストがかかるからと相続しても登記しないことを勧める登記官もいるという。

そして、そんな場合、登記は行われない。実際の所有者が誰であるかが分からなくなってしまうが、それでも国も、地方自治体もその時点では、さほど困らない。というのは、固定資産税は同一人が所有する固定資産の課税標準額の合計がそれぞれ土地三〇万円、家屋二〇万円に満たない場合には免税点未満として課税されない。そのため、もし、土地、家屋が免税点未満である場合には税金を徴収する必要はない。そのため、誰が持っていようが、行政には関係がないのである。

また、免税点未満以外の場合でも誰かが払っていれば、それが所有者であろうがなかろうが、これまた行政は気にしない。払ってもらえさえすればよいからである。

その一方で所有権の移転登記には費用がかかる。長く日本の土地制度の問題点を指摘してきた東京財団の報告書「国土の不明化・死蔵化の危機〜失われる国土Ⅲ〜」は親から子への所有権移転の登記には二〇万円前後かかると試算する。これが祖父母から孫へのケースになると五〇万円以上に跳ね上がるとされている。土地の価値が三〇万円以下なのに、五〇万円以上をかけて登記をしようとする人がいるだろうか。個人のレベルで考えれば、相続未登記は理に適っているのである。

しかし、その結果、現時点ではあまり問題とされていないが、日本では山林・農地は登記放棄が進み、加速していっている。前述の報告書は相続未登記が一般的になっていった場合、今後三〇年のうちに三一〇万ha以上が放置されたままの「滞留国土」として固定化していくだろうとする。これは静岡県の面積の約四倍に当たり、国土面積全体で見ると八％、私有地面積のうちの一五％を占める。

†空き家特措法の問題点

それでも、その土地がずっと使われないのだとしたら、とりあえず問題はないように思われる。だが、それまで使われなかった土地がある日、急に必要になることがある。たとえば、東日本大震災後の東北では地権者不明の土地が当初、復興の足を引っ張っていた。前出報告書には「原発問題の補償問題で、当初、東京電力の福島県での財物賠償が大幅に滞った理由の一つが、この登記不全であった」とある。賠償額を算定するためには、固定資産税の課税明細書と登記の情報が合致し、所有者が確認できることが必要だが、福島では二万件のうちの六割弱しか合致せず（一万一〇〇〇件）、残りの九〇〇〇件は「所有者が断定できない」として見送られたのだという。

同様の遅延は集団移転や防潮堤の復旧工事、福島第一原発の中間貯蔵施設予定地などでも出ており、新聞記事などによると「明治時代以降登記が更新されていない土地も多かった」「古い登記簿上の地権者には江戸時代後期の安政年間生まれの人もいた」などなど、相続未登記が常態となっていることが分かる。

こうした場合、公共の仕事では地権者を一人ずつ探し出し、承諾を得るなどの必要があるが、一筆の土地に二〇〇人以上の地権者がいたとして、その一人一人の生死、居場所を確認する作業がどれだけ膨大かは想像しなくても分かる。

幸いにして、東日本大震災の場合には復興庁が県、市町村などが所有者不明の土地を円滑に取得するためのガイドラインを策定、国交省も土地収用法の特例を示すなどの措置で徐々に進展するようになっている。

だが、このような特例がなく、公共用地や道路用地として収容しなければならない場合、あるいは自然災害に対する災害予防その他の措置を取ろうとした場合などには相変わらず、大変な労力が費やされることになる。

しかも、これまでは地方の山林、農地で起きてきた現象が、現在はそれ以外の都市部などの空き家でも起こりつつある。

「高齢で一人暮らしの所有者が入所している介護施設のある自治体に住民票を移すとして、それと登記情報は連動していません。しかも、その登記が長らく更新されていないものだとしたら、所有者を確定するためには非常に時間と手間がかかることになります」（東京財団研究員兼政策プロデューサー・吉原祥子氏）。

二〇一五年に空き家対策特別措置法、いわゆる空き家特措法が施行され、所有者確定のために固定資産税の納税情報が利用できることになった。これをして「持ち主探しが簡単にできるようになった」という報道もある。だが、納税者がイコール所有者でない可能性を考えると、ラクになったが、問題がすべて解決したわけでないというのが実態だろう。山林、農地でじわりじわりと登記放棄された土地が増えてきたように、空き家でも所有者不明の物件が今後、増えて行くと思われるのである。

†土地台帳の不在

ところで、登記情報と所有者情報、納税情報がバラバラになっていることから分かるように、日本では国土の情報を管理する土地台帳的な情報基盤がない。最初に所有権移転登記がなされた後は登記後一〇日以内に市町村の税務担当に通知が行くため、その時点での固定資産税課税台帳は比較的正確なように思われる。

とはいっても、登記は任意であるから、すべての所有権移転が記録されているわけではなく、登記以降、情報はどんどんばらばらになっていく。

そのため、納税の現場では死亡者課税、課税保留にも繋がっていると前出報告書は伝えている。死亡者課税とは死亡者に対する無効な課税であり、課税保留は徴収が困難で課税自体を保留するケースである。つまり、情報基盤の未整備が税金の取りっぱぐれに繋がっているのである。

しかも、最近では海外在住者が日本の土地、不動産を買う例が増えている。リゾート地、水源林、投資用ワンルーム、都心湾岸のタワーマンション、いろいろんな不動産が海外の人の手に渡っている状況は各種報道でもご存じの通り。その人たちが未登記のまま、所在不明となると、これまた税金は徴収できない。都市のマンションのようにけっこうな税額になっているものですら、取りっぱぐれることになるとしたら、日本は国として大きな損をしていることになる。

大体、任意である登記制度をベースに義務である納税を載せる制度自体がおかしい。加えて、それを延々放置してきた国もどうかしている。

ただ、登記制度に踏み込むとなると、民法の所有権や、憲法の財産権までが議論の対象となり、制度改正の必要性やその効果が平時は実感されにくいことも考えると、見直しの機運を高めるのは容易ではない。ここでも国の無策が損失を生んでいるわけである。

†相続放棄後の不動産

もうひとつ、これに関連して不安に思っていることを書いておこう。相続放棄後の不動

図表1－10　相続放棄の申立件数

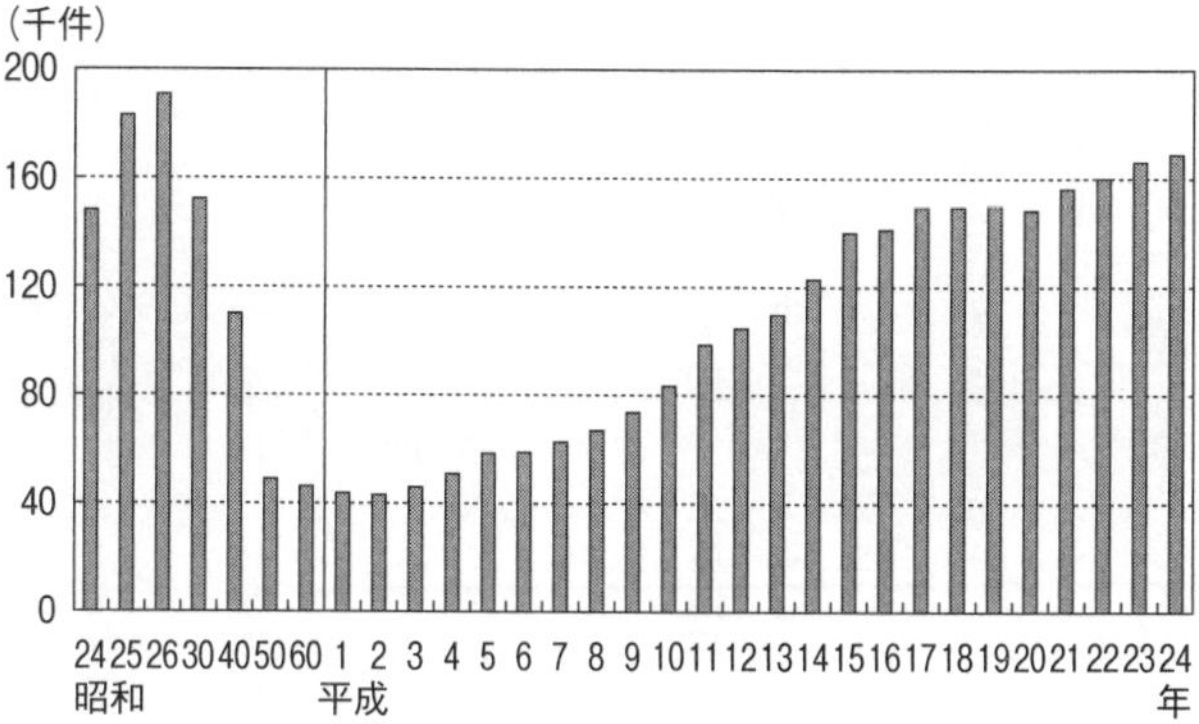

（出所）司法統計

産についてである。空き家を相続したくない場合には相続放棄という手段があるが、相続人が順に相続放棄をした場合、不動産は無主、つまり所有者がいない状態になる。これに対し、民法二三九条二項は、所有者のない不動産は国庫に帰属するとしている。ということは、相続人全員相続放棄後の不動産は国のものということになる。

さて、そこでである。国はその不動産が国のモノになったことを知っているのかという疑問が湧く。相続を放棄した人がそれを国に報告する義務はないだろうし、そもそも、順に放棄した場合であれば、全員が放棄したかどうかなどは知るすべもない。

では、家庭裁判所はどうか。東京家庭裁判所に電話をしてみた。相続人全員が相続放棄後の不動産について国あるいは自治体などに連絡をするかどうか。やりとりを要約すると、家庭裁判所は誰かの申述によって相続放棄を決定するものの、その結果について他の省庁に連絡をする義務はない。

つまり、国はある土地が相続人全員に相続放棄され、国のモノになっていたとしてもそれを知らないのである。国だけではない。ある自治体が空き家を解体したいと思い、相続人を突き止めて連絡を取ったとしよう。ところが、いや、相続は放棄しましたと言われる。仕方ないので、次の相続人を探して聞いても同じことを言われる。この作業は恐ろしく無駄ではなかろうか。

相続放棄が増えている現在、その情報が共有されていないことによる無駄はどんどん積みあがる（図表1-10）。土地情報もそうだったが、連携していれば簡単な確認で済む情報がすべてスタンドアローンになっており、まったく別物として担当部署の中に死蔵されているのである。このままで良いのか。不思議である。

†古いマンションで始まる内部崩壊

次の問題はマンションの内部崩壊である。マンションの大規模修繕などを手掛けるKAI設計の菅純一郎氏は築四〇年、建物外観、共用部だけを見れば手入れの行き届いたマンションで排水管更新工事の際に各住戸に立ち入り、衝撃的な光景を見たという。

「二年弱で三件の孤立死があっただけでなく、単独居住の高齢者が多く、そうした部屋は孤立死のあった部屋よりも荒れた状態。孤立死予備軍といってもいいような、生きる気力を感じないような状況でした。

しかも、そこに住んでいるのが元からの居住者なのか、相続後に賃貸された部屋に住んでいる賃借人なのかも分からなくなっていました。管理組合が作っている名簿は義務ではなく、個人情報だから出したくないという人もいます。相続で所有者が変わっても、それを管理組合に届ける義務もないので、所有者が誰なのかが分からない状態が発生しつつあるのです」。

同物件では介護者同伴や車いす出席なども含め、当該工事を議題とする臨時総会の有効議決権数ぎりぎり半分を確保、実施に漕ぎつけたが、今後、大規模修繕、建替えなどの決議は難しいのではないかと菅氏。

「認知症が入りつつある人もおり、総会の通知を誰に出したら良いか分からない部屋もある。いずれ総会の成立自体が危うくなるのではないかと危惧しています」。

土地、一戸建ての場合の、登記情報、納税情報、所有者情報がバラバラであるという問題に加え、マンションではそこに管理組合という組織が一枚加わる。管理組合はある一定

図表１－11　建替え決議後の区分所有者の年齢構成

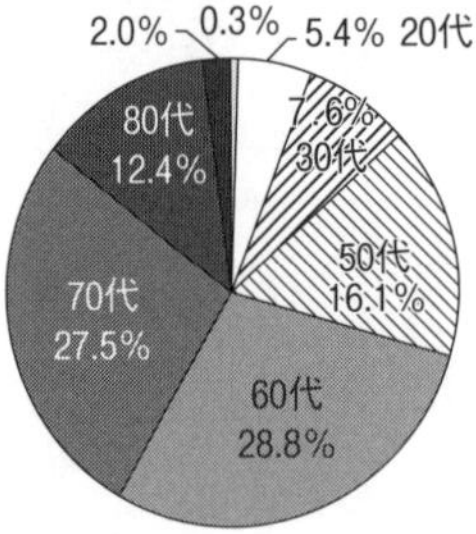

出所）マンション建替え研究所

図表１－12　建替え前の利用状況

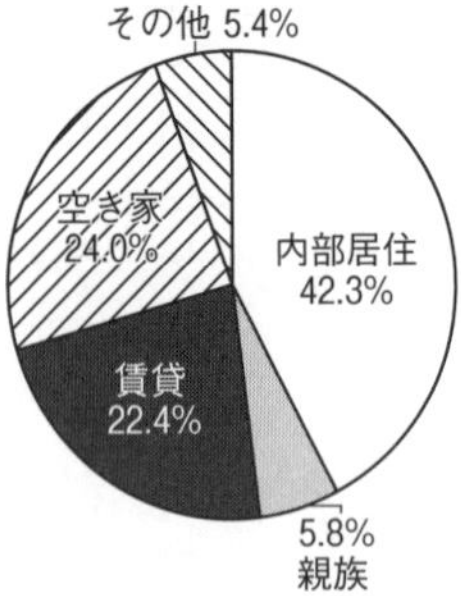

数の区分所有者の決議がなければ動けない組織である。所有者が分からない住戸が増えていくと決議ができないのはもちろん、そもそも総会が成立しなくなる可能性も出てくる。

旭化成不動産レジデンスのマンション建替え研究所が自社で建替えをした築四〇年～五〇年超の六物件の建替え決議後の居住者の年齢を調べたところ、七〇歳以上が四割を超えており、建物が古くなるほど高齢化が進行することが分かっている。また、賃貸率も二割前後となっており、空き家も二・五％から五一・七％となっている。

こうした物件では築三〇年を超したくらいから、大規模修繕をして住み続けるか、建替えるかという話が出てくるようだが、そもそも管理組合が機能していなければどちらも選択はできない。総会が成立しないのが最悪の事態だが、それ以前にも問題は多い。

「増えている外国人所有者に関し、まず、何語で通知を出すべきかという問題があります。また、国によって法体系、常識が違うので、例えば建替えという概念のないヨーロッパの人に建替えが理解してもらえるかという問題も。容積率という概念がない国では建替えるなら最大規模のタワーにすべきと思う人が出るでしょう。そもそも、建替え決議という制度は日本と韓国にしかありません」（マンション建替え研究所・大木祐悟氏）。

もちろん、前項で述べた通り、区分所有者の所在が分からなくなったら、それでおしまいという問題もある。

「これまでの建替え事例では外国人居住者がいなかったので、当初所有者が分からなくても突き止めることができましたが、これが外国に引っ越し、転居を繰り返していたらお手上げ。大規模修繕も建替えもストップです」。

†軍艦島が日本各地に出現

少しずつ話題になりつつある、マンションの建替えあるいは大規模修繕の問題もある。二〇一四年末現在、日本全国にあるマンションは約六一三万戸（図表1-13）。そのうちには新耐震基準以前の建物も一〇六万戸あり（＊）、その意味からも建替えが必要なマンションは少なくないと思われるが、二〇一四年四月一日現在で実施準備中のものも含め、二三

図表１－13　全国のマンションストック戸数

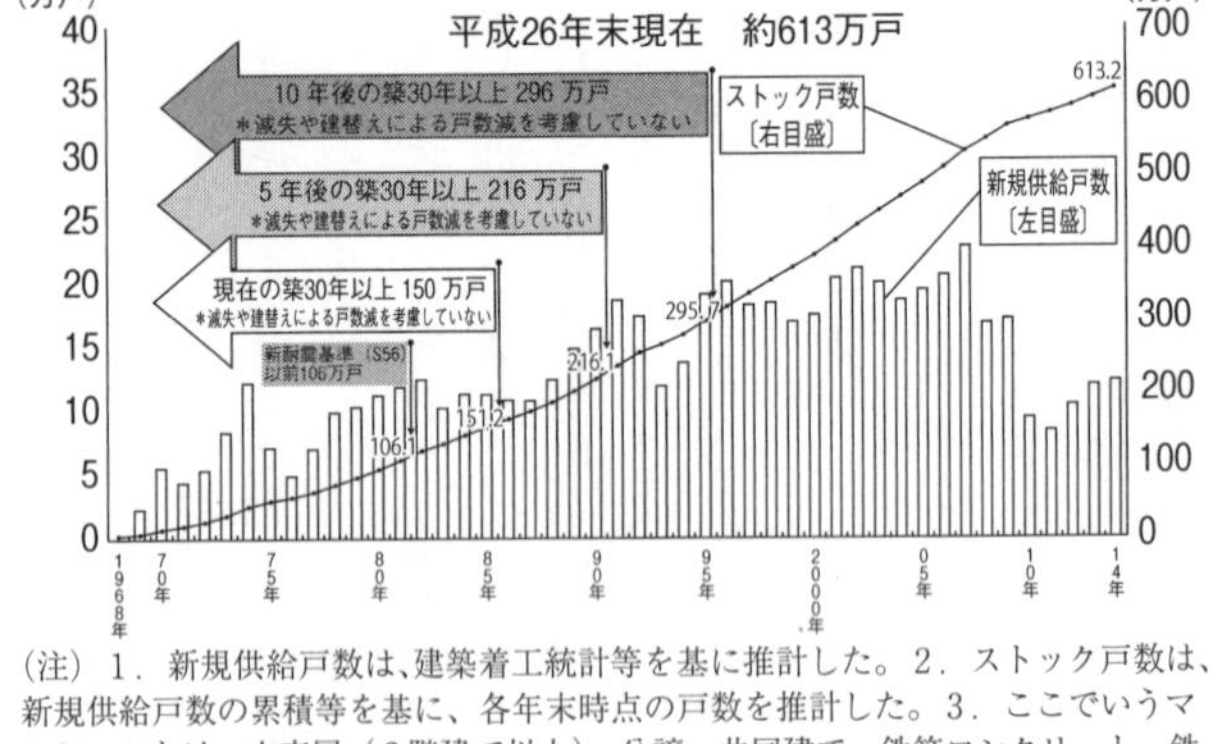

（注）１．新規供給戸数は、建築着工統計等を基に推計した。２．ストック戸数は、新規供給戸数の累積等を基に、各年末時点の戸数を推計した。３．ここでいうマンションとは、中高層（３階建て以上）・分譲・共同建で、鉄筋コンクリート、鉄骨鉄筋コンクリート又は鉄骨造の住宅をいう。４．マンションの居住人口は、平成22年国勢調査による１世帯当たり平均人員2.46を基に算出すると約1510万人となる。（出所）国土交通省

図表１－14　マンション建替え事業の実施状況

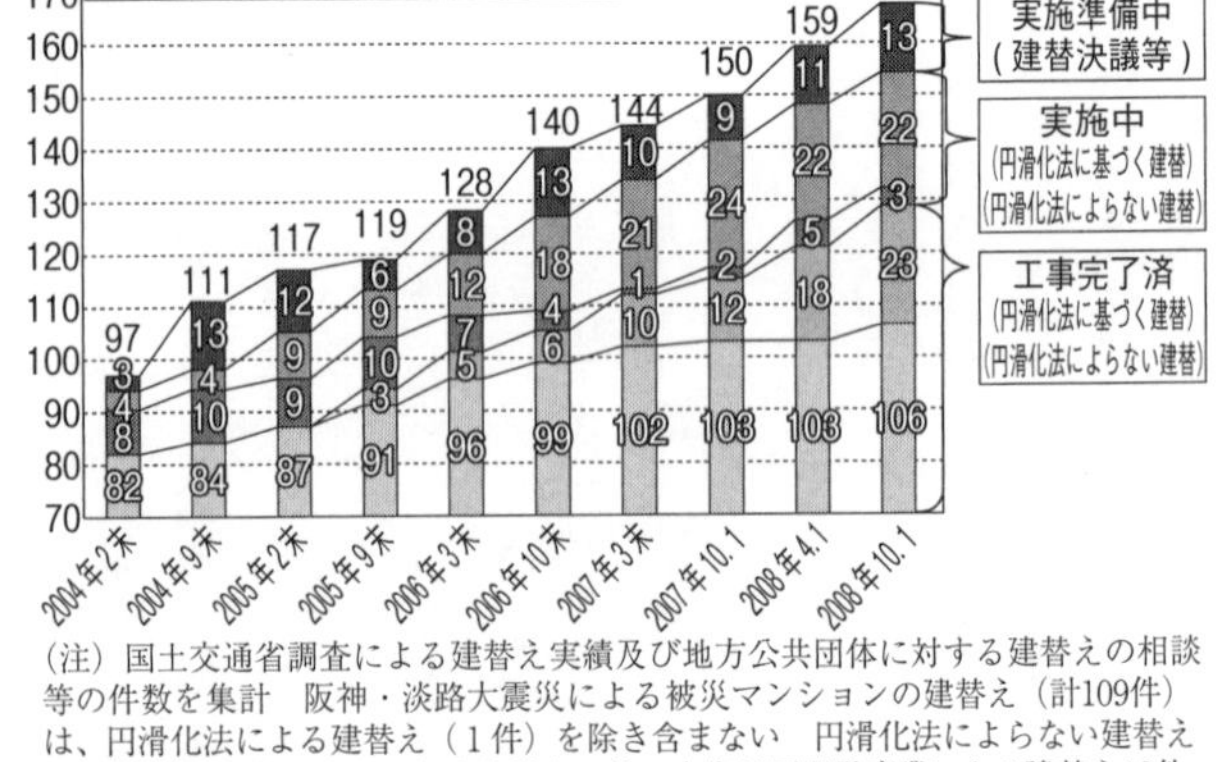

（注）国土交通省調査による建替え実績及び地方公共団体に対する建替えの相談等の件数を集計　阪神・淡路大震災による被災マンションの建替え（計109件）は、円滑化法による建替え（１件）を除き含まない　円滑化法によらない建替えの竣工済み106件のうち、任意建替え96件、市街地再開発事業による建替え10件（2008年10月１日時点）（出所）国土交通省

○件（図表1－14）。割合を計算するまでもないほどわずかである。
建替えは合意形成が難しい上、容積率の余剰がないと工事費の負担が必要になる、余剰があっても郊外で売れそうにない場所では費用が賄えないなどの問題に加え、築後に既存不適格になってしまっていたなど、種々の障害が立ちはだかる。東京都では都内の築四〇年以上のマンションのうち、四割が容積率超過で単独での建替えが困難と推計しているが、率直なところ、現状の把握すらできていないのである。それに、初期のマンションではそもそも、修繕費が安く設定され過ぎていて修繕すらできないケースがあるほど。それで建替えなどあり得ない話である。

となると、打つ手もなく朽ちて行くマンションがあちこちで出てくる可能性がある。

「首都圏のマンションはまだいいと思いますが、地方、リゾート地のマンションは大変なことになります。解体費が土地の価格を上回ってしまう可能性があるのです。たとえば、坪一五万円の五〇〇坪の土地に二〇〇〇坪のマンションが経っていたとしましょう。土地代は一五万円×五〇〇坪で七、五〇〇万円です。それに対して解体費は坪五万円だとしても一億円、一〇万円だと二億円かかる計算です。つまり、解体して、土地を売って、でもさらにお金を払わないとマンションと手が切れない。それならと放置される例が出てくるでしょう」（前出・大木氏）。

実際、一九九〇年前後に五〇数棟のリゾートマンションが建てられた越後湯沢では当時二〇〇〇万円~三〇〇〇万円だった物件が一〇〇万円を切って売られるケースも出てきている。価格は安くなっていても維持管理に年間数十万円かかり、さらに売買以前の滞納分を払う必要があるなどのため、現在は半数以上が空き家状態。もともと、スキーシーズンだけの利用を当て込んでいたことや投資用だったこともあり、永住に向くような質が担保されておらず、転用も難しい。タワーが多いことから、解体費も一〇億円単位でかかると思われ、にっちもさっちもいかないのが現状である。

こうした物件がスラム化、やがて廃墟化していく未来は、たとえてみれば軍艦島が身の回りに少しずつ増えて行くようなもの。海を渡った先にあるのなら見に行きたいと思うだろうが、我が家の隣に崩れゆくマンションがあるとしたら、そんなにのんきなことは言っていられない。

こうした事態をにらみ、二〇一五年七月、総世帯数のうちの約四分の一、約一六八万戸のマンションが集中する東京都の住宅政策審議会では「東京におけるマンション施策の新たな展開」についての答申素案をまとめ、パブリックコメントを求めた。

答申素案には世帯主、建物ともに年老い、現状では実態把握ができていない将来、管理不全に陥るマンションの増加を想定、適正な管理の促進、そのための市場整備、老朽マンション再生のための支援策などが盛り込まれている。

ただ、マンションは私有財産である。老朽化して放置された場合の社会的影響は一戸建ての比にはならないが、それでも行政がマンションの管理運営に口を出せる法的根拠は存在しない。現状でできる方途としては適切な管理を義務化した豊島区のマンション条例のようなものしかないと思われ、それでどこまで実効を挙げられるか、難しいところである。

(*)国交省が旧耐震マンションとしているのは一九八一年五月三一日までに建築許可を取得したマンションを意味しているが、建物の着工は建築許可を受けた後から始まる。また、マンションの場合、半年程度で竣工するとはほとんど考えられないことから、結果的には一九八二年、さらに一九八三年竣工のマンションにも旧耐震の建物は一部含まれているものと思われる。

†空き家の何が問題か

続いて、空き家の何が問題かを考えていこう。ここで大事なのは、立地によって問題が異なるという認識である。住宅間の距離が近しく、隣家の臭いが自宅を直撃するような都市では空き家は存在していることが迷惑とされる。ゴミが放置され、放火の危険性が高まり、悪臭や害虫の発生源になる、植栽が繁茂して死角になったり、不審者が住みついたりで犯罪を誘発する、手入れされていない住宅は倒壊し、その後火元になる可能性が高く、防災上危険、景観上好ましくないなどなどの、いわゆる外部不経済を引き起こすとして邪魔者扱いされているのである。

そのため、都市では空き家対策の二つの方法、除去と活用のうち、除去に取り組む自治体の例が少なくない。その場合の方法は大きく分けて二種類。強制的に除去するか、あるいは多少の助成をして軟着陸させるか。アメとムチと言ってもよい。

前者の強制的な除去としては行政代執行という制度が使われている。行政代執行は国や地方公共団体などの行政機関が、行政的な義務を果たさない人たちの代わりに行政機関が撤去・排除などを行う強制的な行動を指し、かかった費用を本来の義務者から徴収するというもの。行政機関は個人には許されていない自力救済ができることになっており、その意味では伝家の宝刀とも言われるほど強い力のある仕組みである。

だが、行政代執行後、かかった費用が徴収できることは少なく、逆に訴訟になってさらに費用が嵩むことも多い。また、強権発動を良しとしない自治体も少なくないため、強い強制力のある制度でありながら、これまであまり使われることがなかった。

それが二〇一四年に東京都大田区、同墨田区、兵庫県神戸市、平成二七年には京都府京都市、神奈川県横須賀市などと、各自治体の条例に基づき、このところ、立て続けに執行されている。いずれも長年の放置に行政からの度重なる注意、勧告などがあったものの、所有者が無視、あるいは所有者が不明のまま、行政代執行が行われたもので、行政側として、そろそろ腹に据えかねる段階に来ているという印象がある。

一方の軟着陸型としては解体に当たって助成金を出すのが一般的だ。代表的なものとしては二〇一一年度に都内で初めて空き家対策条例を制定した足立区の老朽家屋等解体工事助成がある。これは老朽家屋等審議会で、特に周囲に危険を及ぼしている建物と認定されたものでその他の一定の条件を満たした住宅を解体する際に木造住宅の場合で、消費税を除いた解体費用のうちの九/一〇かつ一〇〇万円以下の助成をするというもの(二〇一六年四月一日からは五/一〇かつ五〇万円以下)。

対象は戸建住宅、共同住宅(木造・非木造)のほか、住宅兼店舗、工場・倉庫・物置、塀・門等となっており、幅広い。また、同区ではこれ以外にもごみ屋敷対策として所有者の手に負えなくなった敷地内の草刈りなどを助成する仕組みも作っている。

これ以外では空き家放置の原因となっている、更地にした場合の固定資産税上昇をしばらく据え置くことで解体を促すやり方もあり、代表的なのが東京都文京区の取り組みである。これは事前に空き家の危険度、除去後の跡地が行政目的に利用できるかどうかを検討した上で、除去に要した費用を二〇〇万円(消費税含む)を上限に助成、その後、区が所有者から無償で原則一〇年間借受、行政目的で使用するというもの。除去後、一〇年間は収入を生まないが、税金も不要という仕組みである。

二〇一四年度にはこの制度を利用、二カ所の跡地が活用された。ひとつは無接道敷地で、通路に対する間口が一・五mと狭く、現行法下では建物に使えない土地で、空き家除去後は消火器置き場として整備された。木造住宅が密集している地域のため、空地として残しておくことに意味があるという判断でもあろう。また、もう一カ所はベンチなどを置いて地域の憩いの広場になっている。

税金での除去に疑義

ただ、こうした仕組みが十分に成果を挙げているかと言えば微妙だ。二〇一一年度〜二〇一二年度の二年間に足立区の実態調査で老朽家屋とされたのは二一三三件。そのうち、老朽危険家屋は四二一件、特に危険度の高い家屋とされたのは六三件で、そのうち、除去されたのは二四件で、同条例を利用したものは一三件。いまだ、六割以上が指導中なのである。

また、もうひとつ、そもそも、個人の財産である住宅の除去に税金を使うのはどうかという問題もある。これは強制的な手段の場合も同じ。特に賃貸住宅のように、所有者が長年、そこから収益を上げていた建物を公費で除去するのは公正なことだろうか。それに、もし、足立区の老朽危険家屋がすべて助成を受けるとなると、その費用は莫大なものになる。そこまでの負担を行政が負うべきなのだろうか。

ちなみに前述の空き家特措法も、基本的には除去を求める法律である。放置が続き、特定空き家に認定された場合には固定資産税が大幅に上がる。それが嫌なら除去しなさいという仕組みだが、これも機能するかどうか。

固定資産税は地方税なので、国が法律で決めなくとも地方自治体が独自に条件を設定することができる。そのため、富山県富山市では二〇一二年度から空き家を調査し、住宅と認められないような状態の住宅に関しては特例の適用を外している。

だが、その結果、老朽空き家が除去されたかと言えば、残念ながら、ほぼ効果はないのが現状。北国新聞には二〇一三年度課税分では一二件が対象になったものの、だからと言って取り壊されているわけではなく、放置のままのケースが多いという市資産税課のコメントが掲載されていた。固定資産税の評価がそもそも低い地域では、それが六倍になったとしても、解体費用のほうが大きく、放置のほうが金銭的に得という判断が成り立ちうる。もちろん、都会で固定資産税がそれなりの額に及ぶというのであれば、取り壊しが進む可能性はあるが、この法案で大幅に除去が進むと考えるのは期待し過ぎだろう。

除去に無理があるとしたらと、もうひとつの方途は活用である。都会において、また、地方都市の一部などではこの方法が一般的で、すでに多くの実例が出ている。これについては第5章で詳しく述べていきたい。

†空き家に「なる」という問題

これに対して、隣家との距離が遠く、隣家が何をしていても気にならない場所でかつ人口が減少し続けている地方都市の一部エリアや農山村などでは、空き家があることではなく、空き家になること、つまり、人口の流出が問題である。

当然、都市の空き家で問題になる外部不経済の場合と根本的な解決方法は異なる。もちろん、地方都市などでも周囲の迷惑となる空き家を除去するための条例を施行している自治体もあり、たとえば秋田県大仙市では二〇一二年の「大仙市空き家等の適正管理に関する条例」以降、すでに一三軒の行政代執行を行っている。

だが、多くの地方都市、農村ではそれよりも空き家を活用、人口を呼び戻すための材料にしたいと考えていることが多い。そのため、平成二三年の国土交通省の調べでは五〇〇近い自治体が空き家バンクを設けているし、観光資源として活用する自治体も出始めている。

さて、ここであることが問題か、なることが問題かを取り上げたのは、現在の空き家問題の論議が非常に混乱していると感じており、それを整理するためである。

たとえば、空き家を活用するといった場合、言葉としては同じだが、解決したい問題が異なると、やり方も異なってくる。都会での空き家活用のひとつに商業利用があるが、この場合、地域住民の協力、行政のサポートはあればあったほうが良いこともあるが、そんなに必要ではない。個人あるいは一企業の努力があればそこそこ成功を生み出すことができる。

だが、地域に人口を呼び戻すための空き家活用では個人の力に加えて、地域の連携、行政の後押しなどが非常に有効に働く。というよりも、それがなければ成功につなげることはかなり難しくなる。商業利用とは異なるやり方が必要になってくるわけだ。

空き家問題は非常に個別性が高い。同じ空き家でも建物の種別、広さや古さ、それがどこにあるか、誰がどんな思いで所有しているか、相続人の数や意思などなど、様々な要素が絡みあい、問題の解決を難しくしている。解決に当たってはそうした絡み合う問題を解きほぐしていく必要があるわけだが、そのひとつの要素として「ある」、「なる」を考えてみるのも手だろうと思う。

第2章

空き家活用を阻む4要因——立地、建物、所有者、相談先

全体としての空き家問題には社会的、構造的な問題があるが、実際の解決を考えていく場合には一軒ごとの個別の事情を考慮する必要が出てくる。そこで、この章では空き家の活用を阻む個別性の高い4つの要因を見ていく。不動産の価値は他の商品と同じく希少性であり、不動産の場合の希少性は、まずは「立地」による。活用が可能かどうかも主に立地に左右されることになる。次に「建物」に目を向けると、老朽化以上に適法性が障壁となることが多く、一部には条例などで不可能を可能にする動きも出始めている。新しい使い方が生まれ、試されている現在、行政の柔軟な対応が求められるところだ。「所有者」の問題は非常にセンシティブなもので、論理的な解決は難しい。だが、地道な人間関係の積み重ね、事例の訴求その他、動きは見え始めており、今後の世代交代に期待がかかる。「相談先」については不動産業を中心に幅広い専門家の連携が望まれるところである。これまでのように業界ごと、部署ごとなどといった縦割りで考えていては問題は解決しないのだ。

†使える土地、使えない土地

空き家活用を阻む要素のうち、もっとも大きな障壁となるのが立地である。ここではまず、都市の場合の立地の問題について見ていこう。

立地のうち、空き家に限らず、不動産すべての活用を考えた時にポイントになるのは利便性の高さである。しかも、三〇年前と現在では、より利便性が求められるようになってきており、三〇年前にはさほど問題にならなかった駅から徒歩一五分のアパートは今では非常に遠いと評価されるようになっている。昭和三〇年代から四〇年代にかけて、二〇倍、三〇倍以上の倍率で分譲されたニュータウン、団地などが高齢者の街になり、新しく入って来る人がいないのはそのためである。バブル期にあった新幹線通勤なども今は昔。

平成二〇年の住宅・土地統計調査によると平成一六年以降に入居した世帯は通勤時間三〇分未満の割合が五七・〇%と全体よりも三・五%多くなっており、通勤圏、都市は年々縮小しているのである（図表2－1）。

この要因としては、

①バブル以降、多少の高下はあるものの、土地価格、住宅価格、賃料が下落。利便性の高い、都市の中心部に住みやすくなったこと

②働く女性が増え、週休二日制の普及で平日の労働時間が長くなったことから、通勤時間の短縮が求められるようになったこと

③家族数の減少で広さ、住環境よりも利便性が優先されるようになったこと

などが挙げられる。また、景気が悪い時期には、人は仕事を求めて都市に集まる。そう

図表２－１　家計主の通勤時間別普通世帯数－全国（2008年）

年次	総数 1）	30分未満 総数	30分未満 15分未満 2）	30分未満 15分〜30分	30分以上 総数	30分以上 30分〜1時間	30分以上 1時間〜1時間30分	30分以上 1時間30分〜2時間	30分以上 2時間以上
実数（1000世帯）									
総数	23,435	12,545	5,727	6,819	10,567	6,769	2,888	727	183
うち2004年以降現住居に入居	7,763	4,421	2,101	2,320	3,317	2,233	861	182	41
割合（％）									
総数	100.0	53.5	24.4	29.1	45.1	28.9	12.3	3.1	0.8
うち2004年以降現住居に入居	100.0	57.0	27.1	29.9	42.7	28.8	11.1	2.3	0.5

（注１）家計主の通勤時間「不詳」を含む。（注２）「自宅・住み込み」を含む。
（出所）統計局

した要因を考えると、より利便性の高い場所を求める傾向は今後も高まることはあっても、求められなくなることは考えられない。となると、利便性の悪い場所に立地する不動産はそのものがいかに良くても、空き家化し、活用されなくなる可能性が高いことになる。

†立地の利便性は段階式

では、どんな場所が使え、どんな場所が使えなくなるか。それを考えるにあたり、知っておきたいのは立地の利便性は二段階ないしは三段階で考えられるという点である。通勤先として多くの人が集まる場所を中心として、そこに行くまでに中間地点としての乗換駅、乗換駅に行くための最寄り駅がその三段階である。

首都圏のような大都市圏では三段階になり、

最初のひとつがエリアの中心地からの距離である。首都圏であれば、大手町や丸の内、六本木や新宿、渋谷などといった主に山手線内部及び沿線からの距離を考えれば分かりやすい。住宅の売出し時に大手町まで何分という言葉が必ず記載されることからも分かるように、非常に大きな要素である。もちろん、中心地からは近いほうが利便性が高く、離れれば離れるほど地元の人が買うケースを除いては、不動産市場では人気が落ちる。

これは言い換えれば都心に通勤できる圏内と考えられ、首都圏の場合はおおむね都心から四〇キロ圏となる。この圏内で見ると夜間人口は二〇〇〇年から二〇一〇年で二二六万人、八・六%増加しており、従業者数も二〇〇一年から二〇〇九年で一五〇万人、一〇・八%増えている。

不動産業界では都心から三〇～四〇キロを走る国道一六号までを通勤圏とする見方もあり、目安としては分かりやすい。また、これは住宅購入者を考えたエリアで、賃貸需要で考えるともう少し中心部寄りになってくる。いずれにしても、この範囲くらいまでであれば、首都圏の通勤圏として比較的ニーズが高いと思われるわけだ。

次が最寄りのターミナル駅からの所要時間である。これも当然、ターミナルに近いほうが利便性が高く、離れれば離れるほど低くなる。同じ沿線でもターミナルから近ければ近いほど利便性が高く、ニーズがあるため、空き家になりにくく、なっても活用の手が考え

図表２－２　東京40km圏

やすい。これについては沿線ごとにかなり幅があるが、おおむね三〇分〜四〇分くらいまでと見るのが妥当だ。

最後が最寄り駅からの距離ということになる。賃貸の場合で、有利なのは徒歩一〇分圏内。不利なのは徒歩一五分以上、バス便利用など。特にここ数年、防犯面から駅に近い物件が選ばれる傾向があり、防犯を気にするのが女性だけでなくなっていることもあって、駅からの距離が遠い物件は不利になっている。

分譲の、特に一戸建て層では徒歩一五分〜二〇分は許容範囲などともっと遠くなるが、それでも年々、不利になりつつあることは否めない。

都心に近く、駅に遠いという不利

都心の場合、こうした不動産のニーズの変化が現状では主に賃貸住宅の空き家を生む要因になっている。特に単身者、カップル向けの物件は分譲住宅よりも利便性を重視するところがあり、都心四〇キロ圏には十分入っている立地でも、駅から遠い物件は非常に不利。空き家化してしまい、それが固定化する例が多いのである。

たとえば東京都世田谷区は住宅地として全国区と言ってよいほど人気のあるエリアだが、そんな世田谷区にも約五万二〇〇〇戸の空き家、空室が存在する。世田谷区は二三区の中で大田区に次ぐ面積があり、鉄道は東西に並行して三本走っているものの、各線間にはどの駅からも歩いて二〇分以上というエリアがある。不動産表記上は二〇分以上でも坂があるなどして、実際には三〇分近くかかることもあり、そこに立地するのが築三〇年を超すアパートだとすると、いくら流行のリノベーションをしても満室にするのは難しい。空き家化が始まると歯止めなく空き家になってしまい、活用されなくなる可能性が高いのである。

他の大都市圏の場合、二〇一〇年の国勢調査を利用して作られた大都市への通勤・通学人口図から推察して、関西圏では大阪から京都、神戸を各方面の中心地として考えるとニーズがあるのは四〇〜五〇キロ圏、中心となるのは二〇〜三〇キロ圏程度。

中京圏の通勤手段では車利用が多いため、三段階を明確にするのは難しいが、豊田市、四日市市など名古屋市以外に中核となる都市を二段階目と考えれば、類似の図式は成り立

図表2－3　仙台駅15km30km圏

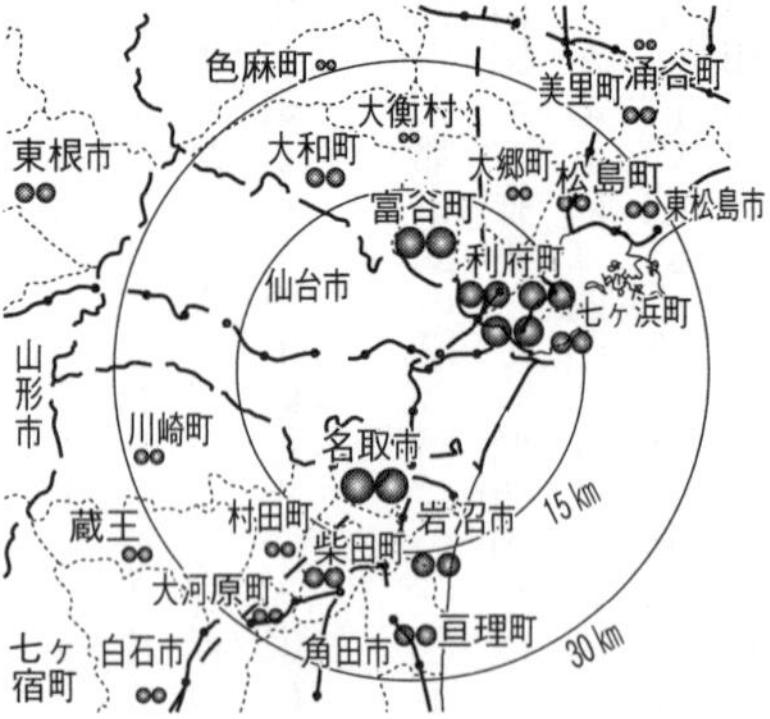

（出所）大都市への通勤・通学人口地図

つ。それらの都市も含めれば四〇キロ圏に近いが、名古屋オンリーで考えれば三〇キロ圏以内というところだろうか。

　それ以外の都市では三段階ではなく、中心地と最寄り駅の二段階で考えるのが妥当だろう。たとえば仙台市の場合、仙台駅周辺の中心部とそれ以外の地下鉄、鉄道駅ということになり、中心となるのは仙台駅から一五キロ圏と考えられる。

　都市周辺で言えば、通勤圏より外れた地域にある、あるいは駅から距離のある場所では賃貸を中心に住宅は空き家になりやすく、活用されにくいと言えるわけだが、面白いことに経済的に余裕のある人が多い都市では、物件の企画次第ではそうでもないこともある。

　たとえば駅から遠い物件が多いと書いた世田谷区内で最寄りの京王線仙川駅から徒歩一五分、もうひとつ利用できる小田急線成城学園前駅から徒歩二〇分という、どちらの駅からも遠い場所に建つ賃貸併用住宅がある。周辺にはまだ畑も残る、世田谷らしい風景の中に建つ物件だが、ここは二〇一三年一二月末に竣工後、翌年二月までに満室になっている。

それは自転車通勤者向けという明確なコンセプトのもとに作られた、周辺に比べると広めでかつデザイン性が高い物件であるためだ。どうしても入居したいと大家さんに直接メールを送ってきた人もいたほどで、こうした明確な特徴のある物件は駅からの距離、築年にかかわらず、空室が出にくい。第1章で相続対策でのアパート建設は将来空き家になる可能性が高いと書いたが、逆に個性のある物件は生き残っていくのである。これは住宅に限らず、飲食店その他の業態でもある話で、不利な立地も企画次第ではある程度までは逆転できることもあるのだ。ただ、そのためには企画、情報発信その他、かなりの努力を要する。一般論として「できる」とは言い難いのだが、やる気のある人ならトライしてみていただきたいものである。

†地方でも五万都市なら空き家は売れる

次に地方都市の場合の立地の問題をみていこう。首都圏に住む多くの人は状況を知らないからだろう、三大都市圏、政令指定都市くらいは良しとしても、それ以外の地方都市では相続した実家、しかも空き家などどうしようもない、売れもしないと決めつけているケースが少なくない。自戒を込めて言いたいが、不動産の情報は大半が首都圏を扱っており、地方都市についてはそもそも情報が出てきていない。そのため、空き家問題が大変と聞くと、イコール地方はダメと頭の中で勝手に変換してしまうのである。

だが、活用は難しいかもしれないにせよ、売却に関しては大丈夫と不動産会社カチタスの新井健資氏は言う。同社は墓石販売から一九九八年以降に競売物件をリフォームして再販というビジネスに転じ、現在は空き家も含めた中古一戸建てを買取り、リフォーム後に再販を行っており、地方を中心に日本全国に一〇〇店舗以上を展開している。

「本当の過疎地では安くて良い売り物があっても購買ニーズがないので難しいのですが、それ以外、目安としては五万都市以上で人口が五〇〇〇人くらいいるエリアであれば、十分に売却は可能。築三〇年、四〇年といった物件でも、その地域に合った価格設定、ニーズにあったリフォームが行われていれば、必ず買いたい人はいます」。

ちなみに人口が五万人台の都市としては東京都の羽村市や福生市、神奈川県の逗子市、大阪府の四条畷市、京都府の向日市、愛知県の常滑市などがあると言えば、サイズ感はお分かりいただけるだろうか。都心から見ると全体が田舎に思える場所の中にもまちと田舎は厳然としてあり、不動産の流通のあるまちと、不動産の動かない田舎の間くらいの、新築は供給されないエリアを狙えば住宅は売れるという。

「どんな街でも数は多くないにしても家を買いたい人はいて、そこで新築事業者がいないと必然、中古に目が行くが、一般の中古はリフォームされておらず、買う気になれない。そこにきれいにリフォームされた物件があれば売れるのです」。

ただ、地方にはその地方独特の、ここまでなら売れる、ここから先はダメがあり、そこを見分けるのは長年の経験。

「たとえば豪雪地帯では地図上では数百mしか離れていないのに、ここまでという線引きがあります。山ひとつ超すと雪の降り方が違うからというのがその理由。都会ではもっと細かい諸条件が不動産の人気を決めますが、地方は比較的シンプルですね」。

ちなみに不動産投資の世界では駐車場料金が月額一万円以上取れている地域であれば、投資は成り立つと判断する人が多い。売らずに貸してみようと思う人は、まず相場チェックということだろう。

†建物自体よりも適法性

空き家活用を阻む要因の二つ目は建物の問題。といっても、建物そのものの問題ではない。RC造では難しいものの、木造住宅は費用をかければ、白蟻が柱の一本、二本を食いちぎっていても、基礎が傾いていても、改修は可能である。

もちろん、自宅なら予算があるし、賃貸住宅の場合には掛けた費用に見合った賃料が取れなければならないが、それを考慮しなければ、よほど朽廃していなければほとんどの空き家は甦らせることができる。

だが、それよりも問題は適法性である。たとえば、世田谷区では二〇一三年度から区内の空き家等を社会の資産として活用すべく、空き家を社会貢献的な事業に活用するモデル事業に助成を出したり、活用してもらいたいという空き家を募集しているが、そこで相談のあった物件のうちの三分の一は建物の欠格から活用できていない。

「相談窓口を設けてから一年半で三九軒の相談がありましたが、そのうち、窓口対応困難とされた物件は一三あり、その要因は建築確認申請無届、無接道、容積超過、共同住宅の窓先空地の不足など。活用したいという意思があったものの、そのうちの三分の一の物件は建物の欠格から活用対象にできませんでした」（財団法人世田谷トラストまちづくり・トラストまちづくり課・浅海義治氏）。

相談後に判明したという事情を考えると、所有者も欠格であることを知らなかったケースが多いと思われる。無接道のように明らかに見て分かる欠格以外は、素人ではどこが不適格なのかは判断しにくい。

そのため、世田谷区は、次年度から建築士事務所協会に協力してもらい、空き家活用を考えるオーナーに建築基準法上の課題確認などができる出張相談会の開催と、モデル事業

図表2－4　空き家の接道状況

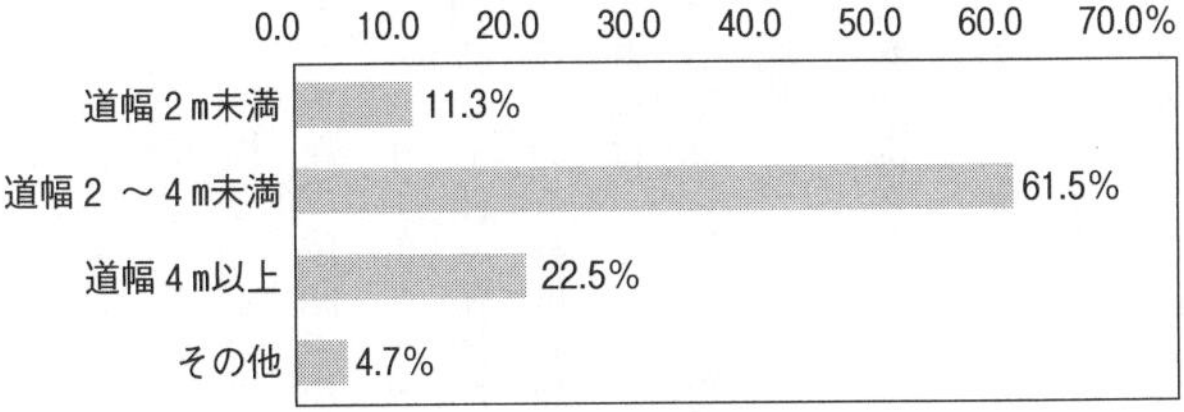

出所）豊島区空き家実態調査（2012年）

候補に採択された団体に建築士を三回派遣し、建築基準法上の問題をクリアするための助言を行う仕組みを作る。そのことにより、物件の掘り起し拡大と実用化につなげることを狙っている。

世田谷区に限らず、古くから人が密集して住んできた都市では既存不適格の物件が多い。豊島区が二〇一二年に行った空き家実態調査によると、目視とアンケート調査などの結果から空き家とされた住宅のうち、七二・八％が四m未満の道路と接道していた。

現行の建築基準法は建物の敷地は四m幅の道路に二m以上接していなければならないとするが、一九五〇年の建築基準法以前の建物ではその基準に満たないものも少なくない。いわゆる既存不適格である。そして、これは再建築不可という意味でもある。一度壊したら次は建てられない。そんな物件を取り壊したら税金が高くなるだけで、更地にしたところで売れるはずはない。だったら、放置しておこうか。住宅密集地の空き家がいつまでも取り壊されないのは、そういう意味である。

それ以外でも地方自治体など公共が絡む場合には、前出の建築確認申請無届、容積超過、共同住宅の窓先空地の不足など、法令に違反している物件は利用できない。耐震性に劣る物件も同様で、使ってくださいと言われても、公共としては手を出せない。

もちろん、民間でなら利用できるが、その場合にはリノベーションなどで対応することになり、予算的に合うかどうかがポイントになる。個人の持ち家の場合、そうした空き家を相続して住み続けたいと思う人が多くないため、どうしても放置されがち。賃貸住宅の場合にはある程度家賃水準が高く、改修費用が回収できるエリアでないと難しい。

なかには、こうした不利な条件にある空きアパートなどをあえて購入、リノベーションを施して高い利回りを狙う不動産投資家もいるが、そもそも市場に出てこない物件も多いのが現状だ。

†法令緩和の動きも

こうした現状を踏まえ、再建築が難しいなどの理由で中古として流通させにくい物件をなんとかしようという動きもある。二〇一四年に豊島区が制定した「建物等の適正な維持管理を推進する条例」では完成時に検査済証を受けていない住宅を所有者からの申請に基づいて区が検査を行い、それによって住宅の不備を補おうというもの。そのままでは流通させられない物件を区の手助けで市場に出せるようにすることで、空き家化を防ぐというものである。

国も二〇一四年七月に「検査済証のない建築物に係る指定確認検査機関を活用した建築基準法適合状況調査のためのガイドライン」を発表、指定確認検査機関を利用することで検査済証のない住宅の流通、活用を促そうとしている。

また、足立区は二〇一四年に区内の無接道家屋の建替えを促進するため、建築基準法の四三条但し書きにかわる新基準を独自に設定、条件を緩和することを発表している。

足立区には建替えのできない無接道家屋が七九六三棟あり、そのうちの八割は道路幅を四mにするのが難しいならと、四三条但し書きで許容された幅員二・七m以上に要件を緩和しても建替えができない。

しかも、こうした住宅が多いのはいわゆる木密地域。防災上から建替えが急務とされているものの、旧来の基準では建替えが促進できないと、新たに基準を一・八mにまで緩和。東京都の地域危険度測定調査で建物倒壊危険度の高いとされた地域ではさらに一・二mにまで緩和。こうすることで、四八四七棟が建替え可能になるという。さらに測量費用、解体費用も助成し、建替えを促進したい考えである。本来の目的は地域の安全確保だが、この仕組みは接道に難がある空き家を解消する手としても有望と思われる。他自治体の追随があっても良いのではなかろうか。

†使い方の変化に法令が追いつかない

もうひとつ、活用に当たって用途を変更する際の適法性という問題もある。たとえば、一戸建てをシェアハウス、グループホームなどに転用する例だ。シェアハウスは居室＋共同で利用するリビング、キッチン、バス、トイレからなる居住形態で、３ＬＤＫであれば三人で住むことができ、賃貸経営の観点からすると一人に貸すよりも収益を大きくすることができる。そのため、二〇〇六年以降急増しており、特に一戸建てを利用するケースが多い。

また、グループホームは認知症の症状があり、病気や障害などで生活に困難を抱えた高齢者が、専門スタッフの援助を受けながら一ユニット（五～九人）で共同生活する介護福祉施設をいう。建物の使い方としてはシェアハウス同様で、いずれも一戸建てを活用するには適した用途といえる。いずれも登場し始めた初期には建物の用途と基準については特に指摘されることなく、グレーゾーンではあるにしても、転用は黙認されてきた。

ところが、二〇一三年になり、シェアハウスの名称で一部屋に複数人を詰め込み、ぼろ儲けを企む輩が急増する。いわゆる脱法ハウスである。また、同時期には消防設備などに不備のあるグループホームで火災が相次いだ。

その結果、このまま、規制することなく転用が進むのは問題であると、国土交通省は主に脱法ハウス対策として、シェアハウスには一般の住宅より防火性能の高い間仕切り壁の設置などが求められる寄宿舎基準を適用するものとした。その後、二〇一四年には太田昭宏国土交通大臣がこの通知を撤回すると報道されたが、現在は新たな基準が模索されている。

厳密に基準を適用すると間仕切り壁を準耐火構造にする、廊下の幅を広げる、広い住宅なら直通する階段を二つ以上にするなどなど、元の建物の状況によっては現実的に難しいこともあろうし、予算的に厳しいこともあろう。

東京都ではそのうちの窓先空地（共同住宅の一階住戸の窓に直面する敷地に火災時の避難を容易にするために空地を設ける制度。自治体によって扱いが異なる）の要件などを緩和し、建てやすくはなってきてはいるが、そうした動きはまだ一部。多くの府県では転用したくてもしにくい状態、グレーなままに個別自治体の裁量のもとに転用するというような状態が続いている。

建物の適法性ではないが、法律的に微妙ということでいえば、二〇一五年以降、一部の不動産投資家の間で広がりつつある、Airbnb（エアビーアンドビー）という問題もある。

†Airbnb（エアビーアンドビー）問題

Airbnbは宿泊施設のマッチングサイトで、主に部屋単位で個人宅を一般客に貸し出す仕組みである。サンフランシスコに本社を置く非公開会社Airbnb. Inc.により二〇〇八年に設立され、誰でも我が家の一室、所有する物件を気軽に貸し出せ、収益を上げられると、それから一〇年弱で世界一九二カ国の三万三〇〇〇都市に八〇万室以上の宿を提供していると言われるまでに成長。日本でも二〇一二年くらいから見かけるようになった。

賃貸不動産オーナー向け経営情報誌「家主と地主」二〇一五年六月号によれば、二〇一五年一月の時点で日本でのAirbnbは約四〇〇〇件。前年比三倍となっているという。このうちには現在自分が住んでいる家だけでなく、空き家を活用した例も多く含まれており、賃貸経営者が空き物件の利用法としているケースも少なくない。

東京五輪に向けて海外からの観光客が増え、ホテルが足りない現状では国としても何らかの形で利用したい意向はあるようだが、問題は旅館業界との関係だ。当然だが、旅館業界にとっては新たなライバル登場であり、しかも、それが自分たちに課されている厳しい衛生面などの規制なく、稼いでいるという状況は看過しがたい。現状では個人対個人の取引ということで、なんとなく、目こぼしに与っている状態だが、今度、どうなるか。

すでに湾岸のタワーマンションなどでは自室をAirbnbとして貸出し、その利用者たちが豪華な共用施設をわが物顔に占拠するなどの問題が報道されている。そうした設備がない場合でも同じ建物内、ご近所の家にいつも見知らぬ人がうろうろしていることを不安に思う人がいるのは当然だろう。衛生面の問題なども考えられる。

前述の「家主と地主」では内閣府大臣補佐官福田峰之氏が「グレーならガンガンやっちゃえ」と煽るような発言をしており、この手が使えるなら解決できる空き家が多いのは確かだが、曖昧なままの運用は利用者にも、所有者にも良い結果とはなるまい。

ちなみに住宅の宿泊施設転用については観光客の多い京都がもっとも進んでおり、すでに市内には一棟貸しの旅館として運用されている町屋は一〇〇棟近くあるとみられる。京都市では二〇一二年四月に旅館などの設備に関する条例を施行、一棟貸しの簡易宿所はフロントを不要としており、行政としても町屋の宿泊施設化を後押ししたい考えだ。特に国家戦略特区に指定されて以降はその動きが加速しており、旅館への改装はもちろん、予約やチェックイン対応、掃除などを専門に請け負う企業も台頭している。これまで居住していながら町屋の価値を認識していなかった人もこうした動きを知れば、空き家にするのではなく、活用しようと思うようになるかもしれない。また、大阪府、大阪市、東京都大田区では民泊を可能にする条例が検討されている。

†ニーズとのずれも

最後に建物自体は適法だが、現在のニーズと合わないために空き家になっているというケースにも触れておこう。

たとえば以前は家族の人数が多かったこともあり、同じ面積でも個室を多く作った間取りが好まれた。だが、家族数が少ない今では部屋数よりもリビングの広さを求める人が多い。また、バブル期までは洗面所や風呂場よりも部屋が広いほうが好まれたが、今は狭い風呂場を嫌がる人が多いなど、住む人のニーズは時代によって変わってきている。賃貸住宅では、こうした違いが空室、空き家を生む例が少なくないのである。

だとしたら、そのずれを修正すれば良く、実際に二〇〇九年以降リノベーションという手法が一般的にも知られるようになり、技術としては可能になってきている。リフォームが劣化したものを元の状態に戻す作業だとしたら、リノベーションは手を入れることで新しい価値を生み出すようなもの。陳腐化してしまった住宅を現在のニーズにふさわしく作り変えることはできないことではない。

だが、ここまでに何度も繰り返したように、特に賃貸住宅の場合、問題はかけた費用に見合った家賃が回収できるかという点である。

「最近は空き家対策としてのリノベーションが、まるでそれしかないように言われているものの、実際には地域として住宅のニーズがない場所でいくらリノベーションを施しても無理。需用がないところに建てられ、空き家になってしまった住宅を救うことはできません」(第1章に前出・島原氏)。

ここ何年か、リノベーションという言葉はまるで万能のように受け取られるようになってきているが、前項で挙げた立地の問題がクリアできていない限り、いくら室内をいじっても問題解決は難しい。現在ある建物は仕方ないものの、今後、賃貸住宅を建てる人は心すべきだろう。

†空き家はあっても貸家はない

三つ目の活用を阻む理由は所有者の問題である。二〇一三年に行われた空き家所有者に対するアンケート調査によると、空き家所有者の七一・〇%は「特に何もしていない」。近くに住んでいれば風くらいは通しに行くが、その住宅を売る、貸すなどについては考えていないという人が大半なのである。

図表2－5　空き家となっている住宅の現在の状況

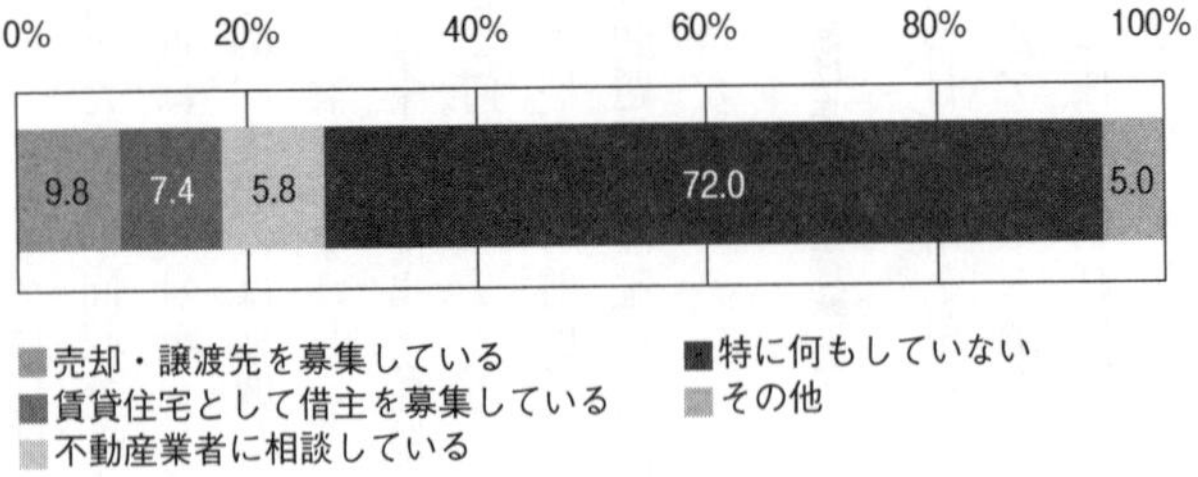

出所)価値総合研究所・空き家所有者アンケート

賃貸住宅の場合はそもそも、貸すことを前提として建てられているため、一度空き家になった住宅を貸さない場合には修繕が十分に行われていないため、入居者に責任が持てない、いずれ建替えるつもりなので退去時の面倒を避けるために今は貸さないなどの実用的な理由がある。

だが、持ち家の場合で七割もの空き家が貸さない、売らないで放置されている場合の理由は賃貸住宅の場合と異なり、気持ち的な部分が大きい。

これまで遭遇した空き家の例などから推察するに、相続で取得するなどした住宅が空き家になっているケースは大きく三つに分けられる。ひとつは前述したように適法でない、放置期間が長く、建物自体が活用できないほど老朽化が進んでしまったなどというもの。このうちには相続で揉めている、共同相続が続いて所有者が分からなくなってしまったなどの物件もあり、そもそも貸すことが難しくなっているものともいえる。割合としては全体の一～二割程度だろうか、実際にはそれほど多くはない。

もう一種類は現在は誰も住んでいないけれど、いずれ帰ってくるかもしれないからそのままにしておきたいという理由から放置されているもの。たとえば、居住していた老母が長期に入院している、老人ホームなどの施設に入所した、子ども世帯と同居を始めたなどの場合である。このケースでは、帰る家がないと困るからと売ることはもちろん、貸すこともあまり考えられない。いつか、必要なその日のために、家はいつでも帰って来られる場所にしておかなければならないからである。

そして、最後のひとつはその家に対する愛着から、自分は住んでいないが、そのままにしておきたいというもの。盆や正月には帰る、仏壇があるから貸せない、売らないなどというのがこのタイプ。前者と合わせて全体の七〜八割はこうした、気持ちとして貸したくない、売りたくないから空き家のまま、放置しているというものだろうと思う。

もうひとつ、これらのどのタイプにも通暁する気持ちが二つある。ひとつは面倒くさい、今やらなくても後でやれば良いからという、問題は先送りしたいという気持ち。もうひとつは知らない人には売ったり、貸したりしたくないという気持ちである。こうした気持ちがないまぜになり、行動はストップし、家は徐々に劣化していくのである。

†気持ちを動かす人間関係

といっても、こうした気持ちを馬鹿にしたいのではない。逆にこうした気持ちを解きほぐし、障壁を取り除いていくことが空き家を活用していくことに繋がると思うのが現実的であり、実際、現場ではそうした取り組みが行われていることが多い。

たとえば、売る場合。前項で紹介した不動産会社カチタスの場合、売る人はリフォームはもちろん、住宅内のゴミその他を処分する必要さえない。現状そのままの形で売ると決断さえすれば、最短で三週間ほどで現金化される。これなら、片づけられないから売れないという問題を考えずに済むようになる。

「日本人は律儀なので、ゴミをそのままに人に貸す、売るというのは申し訳ないと思うのでしょう。でも、思い出のある品を片付けるためには非常に時間がかかり、それが心の負担になる。それをそのままでいいですよと引き取っているので、積年の肩の荷が下りたと言われることもしばしばです。

また、買った住宅はどのようにリフォームしているか、その経過をホームページ上で公表しているのですが、買いたい人だけでなく、売った人もそれを見ていることが多いのです。三分の一くらいの人は売り出し中を見に来ますし、中には親戚を一〇人ほども連れて見学に来たケースもあります。多くの人は、本当は思い出のある家を壊したくはないと思っているし、できれば大事に使ってもらいたいと思っている。それがちゃんときれいになって、引き継がれていくんだと分かると、そこで売ってもいいと思うのではないでしょうか」（前出・新井氏）。

マンションにはそこまでの思い入れ、愛着はないだろうが、一戸建ての場合にはどうしても感情が強く出る。特に相続の場合などは、売るつもりはあっても、とりあえず三周忌まではそのままにしておこうなどと、住んでいた人を悼む気持ちが長く続く。

その気持ちを尊重し、家を大事にするという気持ちが伝われば売っても良いと思うのだろうが、「邪魔だから何とかしてくれ」では、売るもんか、片づけたくもないと反発するのだろう。愛着ある家を空き家として放置する人は実は家を大事に使ってくれる人、安心して託せる人を待っているのかもしれない。

これは借りるケースでも同様だ。地方でも、都会でもそうだが、賃貸用以外の住宅を借りるには大家さんとの関係が鍵になる。他人の目からは放置してあるように見えても、知らない人に家を貸すには不安が多いのだ。

その障壁のひとつが一度貸したら返してもらえなくなるのではないかというもの。この問題は借りた人の権利が強い借地借家法ではなく、契約の更新がない、契約期間が終了し

図表2－6　借主募集中及び賃貸意向者の貸すにあたり心配な点

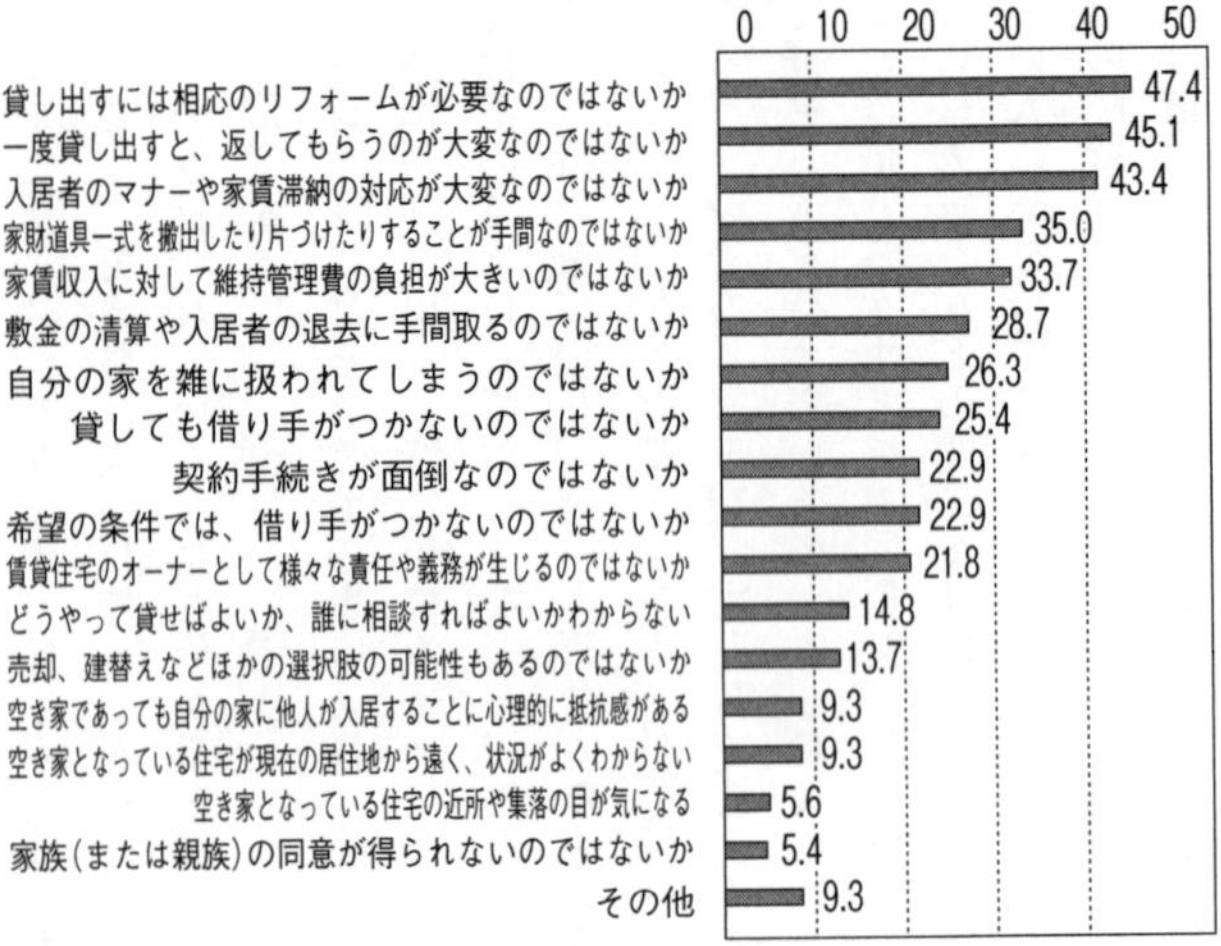

出所）価値総合研究所・空き家所有者アンケート

た時点で確定的に契約が終了する定期借家法での契約にすれば解消されるのだが、契約が面倒くさいと嫌がる不動産会社も多く、普及していない。

知らない人に家をいじられ、変なことになっても困るという声もある。若い人にとってはリノベーションも、シェアハウス、シェアオフィスも奇異には思えないが、知らない人たちにとっては、どうかされちゃうのではないかとしか思えない。また、家を貸したのはお金に困っているからだと周囲から思われたくない、貸した人が迷惑なことをしでかしたら自分に文句が来るから嫌などという声も少なくない。

†関係を作ってから活用

こうした不安を取り除くのは人間関係である。そこに入り込んで信頼を得る、地域のキーパーソンと繋がることで信頼を得る、実績で信頼を得る、方法はいくつかあるが、地域で空き家を借りるには何かしらの手段が必要だ。

たとえば、東京都文京区のＮＰＯ法人街ing本郷では将来の空き家対策として、地域の高齢者宅の空いている部屋に学生を同居させることで将来の空き家発生を防ごうというひとつの屋根の下プロジェクトを推進している。ところが、初年度、プロジェクトには思ったほど人が集まらなかった。そこで二〇一五年度は高齢者と学生が顔を合わせるイベントを始めた。学生が作った食事で高齢者と一緒に食卓を囲むというもので、ここで顔を覚えてもらい、脱「知らない人」を狙い、人間関係を築いた上で、次のステップに行こうというわけだ。

東京都品川区の、旧東海道の宿場町「品川宿」の空き家を借りてコミュニティスペース「うなぎのねどこ」を始めたまちひとこと総合計画室の田邊寛子氏は地域のキーパーソンの一言がなければ、大家さんは動かなかったという。

「まちづくりや景観デザインなどの仕事をしており、たまたま品川でのシンポジウムに呼ばれ、そこで元々地元近くの出身であること、できれば近所にオフィスを借りたいという話をしたところ、今の物件を紹介されました。ですが、いくら話をしても大家さんが今ひとつ、乗り気じゃない。ところが、地元の街づくり協議会の人に口添えをしてもらったら、途端に大家さんの反応が変わりました。まずは人間関係ですね」

島根県奥出雲町高田地区では築一〇〇年、集落でも一、二を争う大きな空き家になっていた古民家を二カ月かけて改修、図書館にするという運動が進んでいるが、これは先駆者の実績が地域で信頼を得ていた結果である。

島根県松江市には一〇年以上も前に開かれた民間図書館、曽田文庫がある。これは「本は宝だね」という妻の言葉に、米田孟弘氏が妻の実家を改装、自費で始めた図書館で現在は週五日開館し、年間四〇〇〇人が利用している。その周辺にある島根県雲南市、奥出雲町、邑南町では小学校が廃校になるなど、人口減少が進み、公立図書館はおろか、書店もない状況だ。そんな中で朽ちて行く家をなんとかしたいと思っていた地域の人たちが曽田文庫の活動と出会い、では、あの家を図書館にというのが顚末である。

「曽田文庫は地域で長く活動をしてきており、幸い、所有者の方もご存じでした。それであいう施設ならいいよと貸していただけることになりました」とは図書館を作る運動をしている宍戸容代氏の言葉。参考にできる先例が長年、放置された空き家に命を吹き込むことになったのだ。

†ＤＩＹ賃貸という新しい類型

愛着があるから、帰宅するかもしれないから貸さないという人たちの中には、とはいえ、いずれは貸したいという意向を持つ人も一定数含まれている。その人たちが貸しやすくする手を用意することが大事だという考えがある。それが国土交通省が二〇一四年に提示した借主負担ＤＩＹ型という新しい貸し方である。

そもそも貸家として作られていない持ち家を貸す場合、またしばらく使われていなかった場合には改修その他が必要になることも多いが、たいていの所有者は資金不足である。自分でお金を出してまで貸すなら面倒、それなら貸さなくても良いと考えている人もいる。それに、住宅を貸したことがないため、何をどうして良いか分からないという人も少なくないだろう。

国土交通省ではそうした人たちが持ち家を貸しやすい状況を作ることで個人住宅の賃貸流通を促進したい考えだ。それが、借主が自己負担でＤＩＹをするという方法である。従来は大家さんがお金を出して修繕などをし、それから貸すというやり方だったが、このやり方では大家さんに修繕義務があるのは主要な構造部分のみ。それ以外は借りた人が自己

図表2－7　賃貸借ガイドラインのイメージ

1 ガイドラインの背景と目的
・地方部を中心に柔軟な賃貸借契約が工夫されて活用
・個人所有者は取引経験がなく、事業化の判断が困難
・契約のガイドライン（枠組み）を示し、市場を活性化

2 賃貸借の基本的な形態
・契約によって発生する貸主、借主の権利義務
・個人住宅と事業用物件との共通点、相違点

3 契約類型の分類

<table>
<tr><th></th><th>入居前修繕
(費用負担者)</th><th>家賃水準</th><th>入居中修繕
(費用負担者)</th><th>DIYの実施
(壁床の張り替え、設備更新等)</th><th>造作買取請求
(エアコンの取付等)</th><th>退去時の原状回復</th></tr>
<tr><td>Aタイプ
一般型</td><td>貸主が修繕、設備更新等を実施</td><td>市場相場並み</td><td>貸主が実施
(一部の小修繕は借主負担もある)</td><td>原則禁止</td><td>認めない
(造作した場合、退去時に撤去)</td><td rowspan="2">借主の義務
(通常損耗、経年劣化を除く)</td></tr>
<tr><td>Bタイプ
事業者借上型
(サブリース)</td><td>貸主が修繕、設備更新等を実施
(一定基準以上)</td><td>市場相場並み
(手数料支払)</td><td>事業者が実施
(貸主と負担調整)</td><td>原則禁止</td><td rowspan="3">認めない。
(残置するかは双方で協議)</td></tr>
<tr><td>C−1タイプ
借主負担DIY
(現状有姿)</td><td>現状のまま
(故障はなく、通常生活は可能)</td><td>市場相場より若干低廉</td><td rowspan="2">借主が実施又はそのまま放置※
(躯体等は貸主)</td><td rowspan="2">借主負担で認める</td><td rowspan="2">DIY実施箇所は免除</td></tr>
<tr><td>C−2タイプ
借主負担DIY
(一部要修繕)</td><td>借主が実施又はそのまま放置※
(躯体等を除く)</td><td>市場相場より相当低廉</td></tr>
</table>

※事例　・壊れたドアやガスコンロ、給湯器などを修繕せず、そのまま居住
　　　　・すり切れた畳の上にカーペットを敷いて対応

出所）国土交通省

負担で、自分で、あるいは事業者に依頼するなどして修繕や模様替えを行い、その部分については退去時に原状回復義務は負わない。賃料は大家さんが費用負担をしない分、安く設定される。もし、最初から故障や不具合など修繕を要する箇所がある物件の場合にはさらに賃料は引き下げて設定される。

これなら貸す側は自己負担はもちろん、手間をかけずに貸せる。それに自分の手でDIYしたことで住まいに愛着を持ってもらえるとしたら、借主は長く住んでくれ、安定収入が見込めるだろう。DIYの内容によっては退去後、自己負担なくグレードアップした住宅が戻ってくることがあるかもしれない。

借りる側も自分の好きな模様替えなどができ、満足度が高まるだろうし、賃料が安くなるのもうれしい。原状回復の義務がないのも気がラクだ。

国土交通省は「個人住宅の賃貸活用ガイドブック」なるものも作り、この類型の普及を図りたい方針だ。これに対し、前述したように空き家、しかも賃貸の共同住宅が多い豊島区ではDIY型をカスタマイズ賃貸として推進することで、若い年代に住みやすい街にしていくことを計画するなど、活用は着実に進みつつある。民間でもDIY型として住宅を貸す例が少しずつ出ている。

ちなみにカスタマイズ賃貸とは入居者が決まってから、その好みに合わせて大家が実施してくれる改修を意味する。壁材、床材、照明器具などあらかじめ用意された選択肢の中から選ぶものや、もっと大掛かりな改修に応じてくれるものまで、実際の内容は様々。入居者の好みに合わせる部分が多い場合には、費用を入居者が負担する例もある。

ただし、現状では賃料は安く設定されるとは言うものの、どのくらいが妥当か、大規模な改修の場合には大家さんも一部負担すべきではないかなどといった問題もあり、そのあたりの整備が今後の普及への鍵だろう。

†共同相続という難問

所有者の問題ではもうひとつ、共同相続してしまうケースがある。冒頭の放置されがちな例で書いたが、親が亡くなり、子ども二人で相続するようなケースでは、二人の意見が合わないと家は動かせなくなる。共同相続した人たちはそれぞれにイーブンの権利を持っているため、誰かが売りたい、誰かが残しておきたいとなったら、どちらの手も取れず、とりあえず放置するしかなくなるのである。その後、建物が老朽化し、共同相続者間で建物を押し付けあうようなケースは何度も聞いた。

誰か同居していた相続人がいるケースなら、その人が家を相続することもあり得るが、いずれもが同居していなかった場合にはそれほど考えずに共同相続してしまう場合が大半。

相続したくないなら、亡くなったのを知ってから三か月以内に家庭裁判所に申述、相続放棄をする手があるのだが、最近はいざ知らず、以前は特に何もしないまま、自動的に共同相続になるケースが多かった。そのため、いざ処分しようとすると、意見が合わず、そのままになってしまうのである。

所有者の問題からは少し脱線するが、空き家はあっても貸家はないという状況は都心から地方に移住したいという人たちにとっては物件情報の量、質という問題となる。住みたいと思うような家が少ない、物件情報自体が少ないというのだ。

都会では多くの人が家を探しているので情報を公開して住み手を探すのが効率的だが、そうでない地域では知っている人に声をかけるなどの方法が有効なことがある。それほど急いで空室を埋めなくても良い場合もあり、都会と同じようなやり方では探せないのだが、そのあたりの違いが都会から来て家を探す人に伝わっていないのである。

また、地方で情報が公開されている物件の多くは単身者用のアパートなど、どこにでもあるような、あらかじめ賃貸用として作られた物件が多い。ところが、地方移住を考えている人は、漠然と民家をイメージしていることがあり、そのあたりにもギャップがある。不動産情報には非対称性という言葉が付いて回るが、それは貸す、売る側と借りる側、買う側との間だけでなく、都会と地方の間にもあるのだ。

†相談先、ほぼ皆無

活用が進まない理由、最後のひとつは空き家所有者が活用について相談をしようと思った時に相談先がほとんどないという状況だ。大体、高齢の賃貸住宅の大家の多くは自分で問題解決を考えるという習慣すらない。

最近は不動産投資という言葉が一般的になっているので、古くからあるように勘違いする人も多いが、日本での不動産投資は主にバブル期に始まっている。それまでは土地を所有する大家が自分の余っている土地を利用してアパートを建て、自分で掃除などの管理を行ってきた。

ところが、バブル期にアパートを建てればもっと儲かると、ハウスメーカーなどが賃貸住宅建設を勧め、そこまでの数は管理できないという大家に自分たちが全部やりますから、大家は何もしなくて良い、ラクして儲かりますと言いだしたのが発祥である。

同時期にはビジネスマンも節税のためと称してワンルームマンション、アパートなどを買い出したが、こちらの人たちも本業があり、管理まではできない。そこで、管理会社が地主の大家、サラリーマン大家の面倒を見だしたわけだが、この当時はたいそう儲かったので、管理会社は大家をお神輿のように扱った。

実務はもちろん、本来は大家がやるべき経営的決断ですら代行し、高齢の大家の多くはそれが当たり前と思っている。そんな人たちが景気が悪くなり、空き家が増えてからといって今さら、自分の頭で考えることができようか。茹でガエルのように、誰かがなんとかしてくれると思いながら、事態の悪化をぼおっと見ている。それが多くの高齢大家の現状である。

さすがに大変だと、その問題物件を相続することになりそうな二代目が不動産会社に相談しても、ちゃんとした解決を導き出せる不動産会社は非常に少ない。

「たとえば昭和五〇年代に建てられた、築四〇年くらいのアパートが空き家になると、もう打つ手がないと思われています。地場の不動産会社だと建替えるくらいしか提案できず、大家としては七〇代でまた多額の借金をするのは嫌と、それ以上に問題解決は進まない。

加えてここ数年で建物の使い方、利用者募集その他の選択肢は広がってきています。住宅でも誰が住むのか、一人ではなくシェアして住むという手はないかなど、いろいろやりようはある。でも、やり方が増えただけに守備範囲が狭い不動産会社では太刀打ちできないのです」（大家を対象に不動産コンサルティングを行う市萬・西島昭氏）。

†不動産会社も余る時代

人口減少社会では家が余るだけではなく、不動産会社も取引が減り、間違いなく余る。現状では日本全国に一二万社余の不動産会社があるが、あれだけあちこちにあるように見えるコンビニエンスストアですら、全国で五万軒余だ。このままで行けば、街の不動産会社はどんどこ潰れるはずで、生き残りを考えるのであれば大手が手を付けにくい、個別性の高い空き家問題は恰好のはず。

だが、そのためには建築、法律から最近のインテリアの流行なども知っていなくてはいけないし、自社でできないことをやってくれる多くの人とのネットワークを持っていなければならないが、残念ながらたいていの不動産会社はそのいずれをも持っていないことが少なくない。

加えて、地域の信頼を得る努力をしている会社も少ない。前項で建物所有者は知らない人には貸したくない、売りたくないという気持ちがあると書いたが、これは借りる人、売る人に対してだけではなく、間に入る人に対してもある。

「残念ながら、不動産業界は業界としてイメージがあまり良くない。なんとなく金の匂いがするように思われる。これを変えていくためには日頃から地域の、街を良くしていくような活動に損得抜きに地元の一員として参加していく必要があるのですが」（西島氏）。

取材であちこちの街の、活性化を中心とした集まり、イベントなどに参加すると、いろいろな業種の人がいる中で、不動産会社だけがいないということは多々ある。ここの不動産会社がいれば解決できる問題も多いと思うが、いないのである。

それでも最近は公益社団法人全国建物取引業協会連合会がサブタイトルに「新しい不動産業を目指して」と題した報告書の中で、地域の空き家を活用することでそのエリアの活性化に繋がる仕事をしている大阪府大阪市阿倍野区の丸順不動産を「タウンマネジメントこそ、地域不動産会社が生きる道」として紹介するなど、地域との繋がりに目が向けられるようになってきている。相談したら、打てば響くように各種の対策を提案してくれるような不動産会社が出てきたら、問題の解決には弾みがつく。不動産会社には士業昇格で無駄に浮かれることなく、地道に勉強し、地域の信頼を得て空き家問題解決の最前線で頑張っていただきたいものである。

不動産会社以外の相談先としては金融機関もありうるが、残念ながら、これまで空き家活用の興味深い事例として金融機関が絡んだものは思い出せない。士業その他の専門職の方々の中には大家さんと親しく、良い提案をする人もいるが、これまた数は少ない。

二〇一五年以降、空き家管理士、空き家相談士などという資格が新設される予定で、空き家活用に取り組む専門家を紹介するサイトなども登場しているが、見ている限り、実績は少なく、これから取り組みたいと考えている会社などが多い様子。最初から素晴らしい提案を期待するのではなく、一緒に考えてくれる人を探すつもりで接触するのが現実的なようだ。

ところで、専門家に相談する際にひとつ、注意しておきたいことがある。世の中にはまだ、リフォームするよりも建替えたほうが安いという人がいるが、たいていの場合、それは本当ではない。確かにかつてリフォームが一般的でなかった頃には、リフォームは家を建てるほどにかかった。だが、一般化してきた中で価格も下がってきており、現在では建てるよりも明らかに安い例も多い。物件にもよるが、それでも建替えが絶対という人がそれほど現況を把握している専門家とは思えない。どんな意図があるのか、よく聞いて見てほしい。

第3章

空き家活用3つのキーワード——収益性、公益性、社会性

前章で詳述した通り、空き家に限らず、不動産を活用する場合に最初の要件となるのは立地だ。利便性の高い、多くの人が訪れやすい場所であれば、どのような活用も可能だし、逆に訪れる人の少ない場所であればわざわざそこを訪れる必要がある用途を考える必要がある。

立地によって用途が異なってくるという訳だが、この章では空き家活用法をこれまでの活用例を踏まえて、「収益性」、「公益性」、「社会性」と3つのキーワードで分類し、具体的にどのような使い方があるのかをまとめた。具体的な活用例については第4章以降で紹介するが、それぞれの考え方についてはこの章でみていく。特に社会性については行政のやる気の有無が成否を分けており、地域の問題を考える場合にはこの点の改善が欠かせない。地方分権化の推進で公共サービスに地域差が生まれるようになったのは周知の事実だが、それを人口問題にまで広げてはいけないのだ。

†立地次第では収益性追求も

各種問題はあるものの、空き家はすでに多方面で活用されつつある。報道で見ると、数の問題がクローズアップされ過ぎており、地道な成果があまり知られていないようだが、実際には様々な取り組みが行われている。

この章ではその取り組みを内容、立地と共に三つに分類してみる。その三種類のキーワードは収益性、公益性、社会性である。

収益性は言うまでもない、収益が上がる活用ということで個人ベースの活用になる。具体的には住宅、シェアハウス、オフィス、シェアオフィス、SOHO、カフェやレストラン、雑貨店や書店、ブティックなどの店舗、ギャラリー、アトリエ、教室、ゲストハウス、スポーツジム、旅館などなど。活用方法自体は以前からあったものだが、それを空き家利用でやっているというもので、中でも数が多いのはカフェなどの飲食店だろう。

飲食店では食べ物が売りなのはもちろんだが、それ以上に店の雰囲気が重視される。特にカフェのような、主に女性をターゲットとした業種では雰囲気次第で集客が違ってくる。そのためか、早い時期から古民家カフェというジャンルがあり、そこでの経験が古い建物も悪くないという認識を持つ人の増加に繋がっている。

古民家といっても合掌造りなどの古いものではなく、昭和三〇年代、四〇年代くらいの店舗併用住宅のような、当時はごく普通だった空き家なども利用されており、住宅以外でも倉庫、工場、オフィスビルなどがリノベーションされているケースもある。

面白いことにこうした空き家活用は地域で一軒登場すると、それが先鞭となって次に続きやすい。たとえば東京都台東区、東京メトロ日比谷線入谷駅周辺では二〇〇八年に築五〇年オーバーという店舗併用住宅を利用したイリヤプラスカフェが登場、週末には行列ができるほど人気で、今では古民家カフェといえば必ず登場するほど。その後、その近くにゲストハウスTOCO、コミュニティスペースそら塾が二〇一〇年に開業している。

イリヤプラスカフェはその後、田原町に倉庫を利用した二号店を出し、ゲストハウスTOCOも蔵前に二号店、ついで京都河原町に三号店を出し、古い建物の魅力を知らしめている。もちろん、そうした建物を使っただけが成功の秘密ではないが、大きく寄与していることは確か。場所、コンセプトによっては古い建物は十分商業ベースで活用できるわけだ。

そのためか、最近では古い建物をあえて使いたいという人たちも多い。カフェもそうだが、飲食店では根強く、隠れ家風立地に人気があり、また、最近では情報発信ができれば駅から多少遠くても雰囲気のある建物には人気が集まる。地域によっては、物件があったら絶対に借りたいと言っている人たちもいるほどだが、問題は物件が出てこないこと。ニュースでは空き家があって大変と言われるが、首都圏近郊の住宅地で、飲食店ニーズの高い街では一戸建てを中心に空き家を借りたいという人はかなり多い。

貸す側にとっても住宅で貸すより、オフィス、店舗で貸すほうが債料を高くできるので、情報をマッチングできれば双方にとってメリットがあり、空き家問題の解決にもつながる

イリヤプラスカフェ

が、借りる側からすると不動産会社が賃貸物件として扱っている物件以外を掘り起こすのは至難である。前述のイリヤプラスカフェは募集の張り紙を見てオーナーに直談判に行ったそうで、古民家カフェではそうしたやり方で借りた例が少なくない。貸す側としても、借りたい人に巡り合うのは難しい。双方ともに自分から情報を発信、ネットワークを通じて発掘ができるような人なら可能かもしれないが、自分で動けない人には難しい。

店舗、飲食店以外でも首都圏をはじめとした大都市圏、政令指定都市レベルの街であれば、情報を繋げることができれば、活用の道はかなり豊富である。それ以外の地方都市でも観光客、地元客など内容に違いはあるもの、立地次第では活用できると見てよい。

✝公益性ある活用では社会貢献が重要

二つ目の活用法は公益性のある活用法である。これは、活用はできるものの、大きな収益を上げられるほどの活用は難しいというケースだ。大都市圏で駅から遠いなどで利便性が低い、地方都市で商業的な利用は難しいが、周囲にはある程度の人口があるなどといった場合に有効である。

具体的にはデイサービスやグループホームなど高齢者向きの施設や放課後等デイサービス、子どもや子育てファミリー、地域のために開かれたカフェ、居場所などといったものである。不特定多数がふらりと入ってくるような施設ではなく、そこを目的として周囲の人がやってくる場所とでも言えばよいだろう。

内容からして店舗などのように個人が自分だけの計画で設置するという性格のものではなく、地元の自治体やNPOなどの活動の一環として行われることが多く、場を提供する側としては収益よりも社会貢献を第一義と考える必要がある。

このうち、現状でもっともニーズが高いのは高齢者向けの施設である。日本全体として高齢者向けの施設が足りていないことに加え、国は高齢者介護の場を施設から地域、自宅

図表３－１　地域包括ケアシステム

○　団塊の世代が 75 歳以上となる 2025 年を目途に、重度な要介護状態となっても住み慣れた地域で自分らしい暮らしを人生の最後まで続けることができるよう、**住まい・医療・介護・予防・生活支援が一体的に提供される地域包括ケアシステムの構築を実現**していきます。

○　今後、認知症高齢者の増加が見込まれることから、認知症高齢者の地域での生活を支えるためにも、地域包括ケアシステムの構築が重要です。

○　人口が横ばいで 75 歳以上人口が急増する大都市部、75 歳以上人口の増加は緩やかだが人口は減少する町村部等、**高齢化の進展状況には大きな地域差**が生じています。

地域包括ケアシステムは、**保険者である市町村や都道府県が、地域の自主性や主体性に基づき、地域の特性に応じて作り上げていく**ことが必要です。

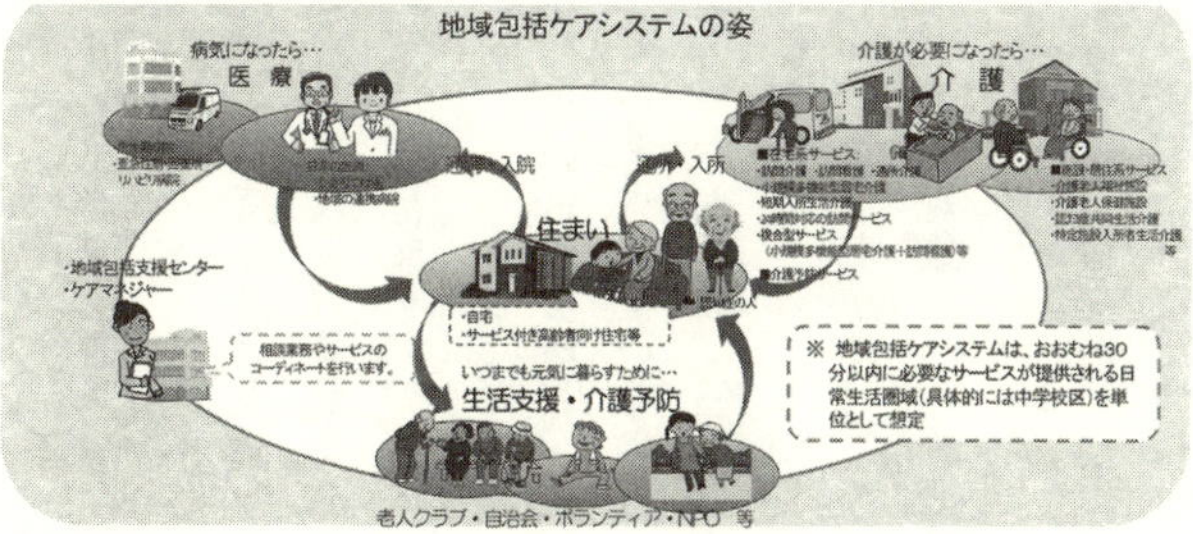

へと移行しようと、二〇〇三年の高齢者介護研究会報告書「二〇一五年の高齢者介護〜高齢者の尊厳を支えるケアの確立に向けて〜」以降、地域包括ケアを検討。二〇一二年度の介護保険法改正で導入してきたためである。

これは「平成三七年を目途に、高齢者の尊厳の保持と自立生活の支援の目的のもとで、可能な限り住み慣れた地域で、自分らしい暮らしを人生の最期まで続けることができるよう、地域の包括的な支援・サービス提供体制（地域包括ケアシステム）の構築を推進しています。」というもの。

簡単に言えば「施設を作っていては高齢化に追い付かないし、建てるお金もないし、たいていの人は住み慣れた場所で老後を過ごしたいと思っているので、地域で高齢者を支える仕組みを作ってください」ということである。おおむね、三〇分圏、中学校区に医療、介護、生活支援などの各種のサービスが一揃い用意できることが目標とされている。

ただ、国が施設を新たに作ることを断念したと同じように、ここで地域に新しくハコモノを作るのは賢明とは思えない。高齢者、子どもを対象とした施設は現状ニーズが高くても、一〇年後、二〇年後にも同等のニーズがあるかどうか分からないためである。

また、人口密度の低い地域では送迎が必要な通所介護施設、訪問介護支援センターなどの施設はコストが嵩む傾向にあり、採算を考えると余分な出費は押さえたい。そこに空き家を含めた既存建物を活用する意義がある。

以下の論文は山口県内の介護保険導入後一〇年間の通所介護施設の供給と充足度を取り上げたもので、収益性が低くなりがちな小都市地域や農村地域では経営設備の促進を主要課題としているが、そこで改善に役立つのは地域に存在する空き家等と結論づけている。

「〔中略〕、地域に存在する空き家等を活用した小規模施設を利便性の高い旧村中心集落等へ分散配置することにより、充足度の向上とともに施設整備コストや日常的な送迎時間の低域が期待される。また、既存建築活用型の小規模施設であれば、将来的な地域の高齢者人口変動に伴うサービス需要の量的質的変化への対応も可能と考えられるため、人口減少地域における有効な整備方法として位置づけられよう〔以下略〕（「介護保険制度導入後の高齢者通所サービス充足度の変化」平成二四年 日本建築学会技術報告集 三島幸子、平祭大雅、中園眞人、山本幸子）

必要だが、設置にお金をかけられない福祉的要素のある施設に空き家などの既存建物を使うことが、無駄遣いを省き、社会に貢献するというわけだ。

†NPO増加で地域にニーズ

高齢者施設以外にも前述したように、地域には様々な施設へのニーズがあり、増大する傾向にある。これを端的に表すのが社会貢献特定非営利活動法人（NPO）の伸びである。NPOのすべてが前述したような場作りを目的としているわけではないが、たとえば障害児のための居場所作りを意図した放課後等デイサービスの多くが地域のNPOを主体に支えられていることなどを考えると、ひとつの目安になる。

内閣府のNPOホームページによれば、認定数は特定非営利活動促進法改正、施行されて以降急速に増加しており、今後も着実な増加が期待されるとのこと（図表3－2）。こうした活動の拠点として安価に利用できる場は強く求められており、空き家が大きな選択肢に入ってきていることは間違いない。

ただし、ここでも情報のマッチングの問題が大きい。前述したように世田谷区は空き家を地域の資産として外郭団体である世田谷トラストまちづくりに空き家活用の相談窓口を作り、大家さん、市民団体、双方からの相談を受けているが、大家さんからの問い合わせは全体の三割と圧倒的に少ない。情報をどのように集めてくるか、今後の大きな課題である。

世田谷区ではそのために地域で子育て、高齢者向けなどの活動をしているNPOその他の団体と定期的に情報を交換、拾いあげていく仕組みを作っている。行政内部でも福祉関係その他、区民と直接交流のあるセクションなどと空き家情報を連絡しあい、共有する仕組みも作っているそうだが、関心のありようには差があるという。本来の業務以外には関心を持ってもらいにくいということだろうか。仕組みとしては面白いが、成果が上がっていないとしたら残念である。

都市プランナーの野口和雄氏によると神奈川県のある自治体ではケアマネージャーの人たちが日常、接している高齢者からの空き家情報を街のサードプレイス作りに生かしている例があるという。

「高齢者が売るかもしれないと言っていた家を、それなら私たちに貸してと、月額一万円くらいで借り、そこを地域の茶の間として活用しているのです。子育て中の主婦が集まってみんなで昼食を食べたり、ベビーマッサージをしたりなどして使っており、すでに三軒がそうした形で活用されています。売らなくてもいい人たちもいるでしょうから、こうした形で活用が進めば、街のあちこちにサードプレイスが生まれ、地域のコミュニティ復活に寄与するんじゃないでしょうか」。

図表3－2　特定非営利活動法人の認定数推移

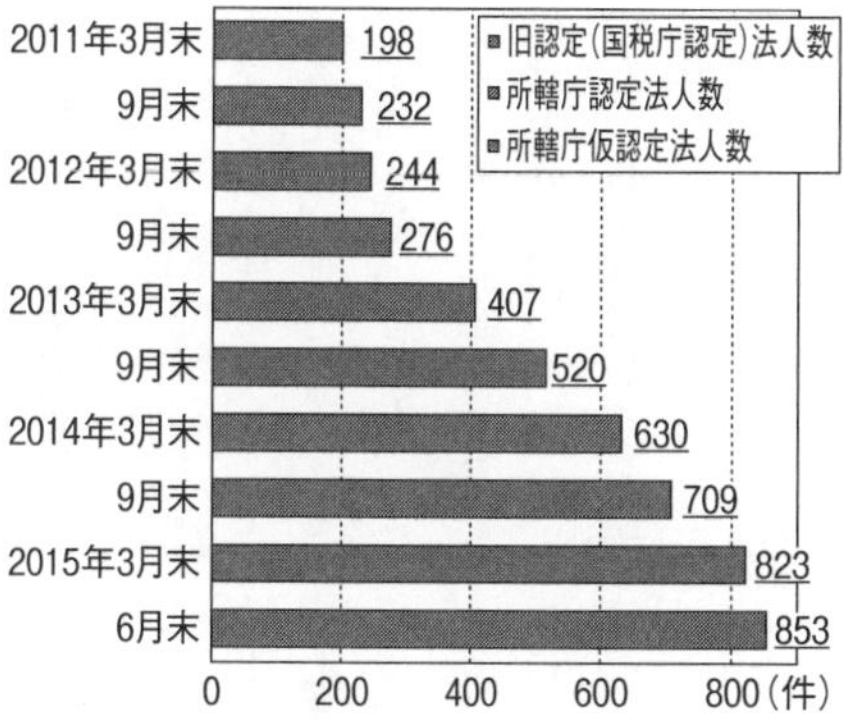

（出所）内閣府 NPO ホームページ

†人口減少地域では社会的な活用

最後は人口減少が社会問題化している地域でのその問題解決を重視した活用である。言葉として妥当かどうか、いささか自信はないが、仮に社会的活用としておこう。代表的なものは農山村、地方都市、その中心市街地などで行われている空き家バンク的な方法で、行政が主体となっており、ここではお金の計算はあまり重要ではない。

二〇〇五年以降設置が相次いだ空き家バンクだが、スタートから一〇年ほどで自治体による差は大きく開いている。簡単に言えば、自治体の熱心さに応じて成果が出ており、やる気のない自治体はいくら空き家バンクを形ばかり作っても成果は上げられていないということである。

その状況を二〇一四年三月の一般社団法人移住・交流推進機構の「『空き家バンク』を活用した移住・交流促進事業自治体調査報告書」から見ていこう。この実態アンケート調査は、全国の地方公共団体（二〇〇九年九月一日時点の四七都道府県、一、七一九市町村）を対象に実施されたもので、そのうち、同事業を行っているのは五九五自治体。

これらの自治体を空き家バンク設置からの累計成約件数が五〇件以上であるグループと一件以下（！）のグループに分け、実施体制、その内容などを比べている項目があるのだ

図表3－3　移住・交流促進策として現在実施している他地域へのＰＲ・情報発信

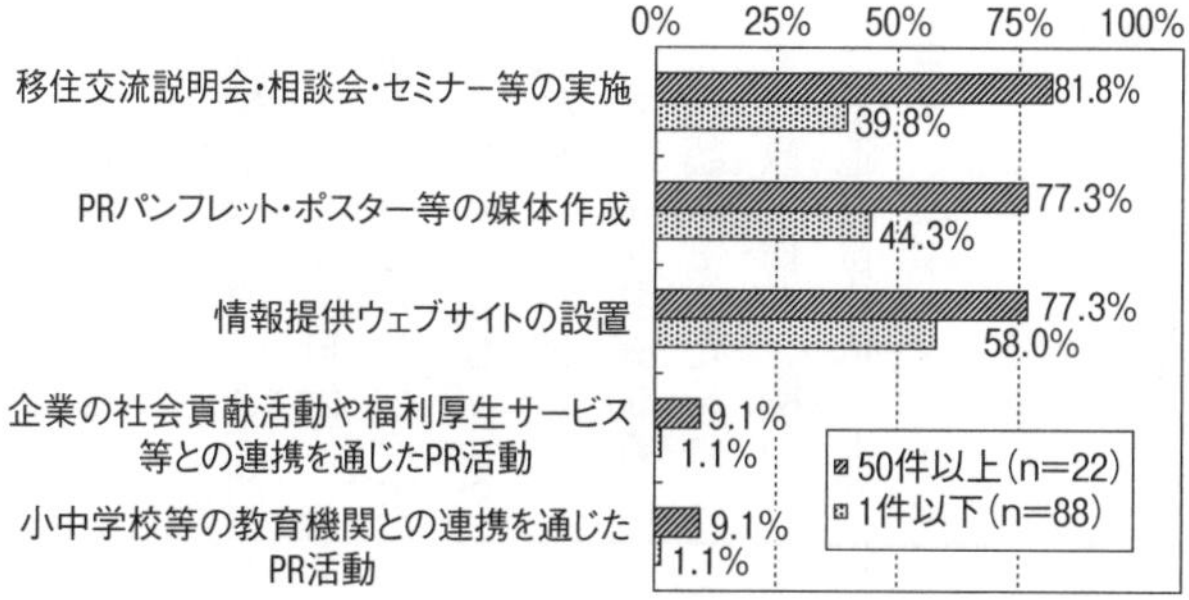

出所）一般社団法人移住・交流推進機構『空き家バンク』を活用した移住・交流促進事業自治体調査報告書」（平成二六年）

が、前者と後者の違いは一目瞭然（図表3－3）。

たとえば、成果を挙げている自治体では専門部署を作る、地元企業、民間団体、地域住民やNPOなどとの協議会を作っているなどの自治体が三一・八％なのに対し、成果が出ていない自治体では五・七％。後者の自治体では他の部署と兼務という例も少なくなく、移住促進は片手間仕事でしかない。

また、ホームページはいずれの自治体も作っているが、成果が上がっている自治体の八〇％前後はセミナー開催、パンフレット作成などを行っているが、出ていない自治体では四〇％前後に留まる。実績のある自治体では建物についての情報提供が具体的だし、受入れ体制整備では二倍から四倍の差がある。

つまり、人口減少が問題になっている自治体では行政の取り組みが明暗を分けており、ダメな自治体に住んでしまった場合、行政に解決を導いてくれることには期待ができないということになる。

人口減少地域での空き家問題は移住促進だけでなく、もっと広く地域の再生という意を含むが、その点での自治体差となると、空き家バンク以上に広がる。マスコミで取り上げられる地方での町おこしの実例がいつも同じ自治体ばかりなのは、取り上げられそうな成果を挙げている自治体が少ないからである。

安倍政権は二〇一四年に「まち・ひと・しごと創生法」で「各地域がそれぞれの特徴を活かした自律的で持続的な社会を創生できる」ことを目標としており、二〇一五年度予算では一兆円超がそのために支出される。

ここでの政策作りに関わった前述の野口氏は「分析力、マネジメント力、政策形成力などに欠ける地方自治体でも選択しやすいように政策をパッケージ化した例を提示しており、利用しやすいはず」というが、「それでもこのチャンスを生かせない自治体が出てくるでしょうね」とも。

収益性、公益性をメインとして考えた空き家対策では情報のマッチングが大きな課題だが、地域全体の社会問題解決のためには、行政のあり方が課題のひとつというわけだ。

第4章

大都市・地方都市の一等地

——収益性優先の活用

大都市、地方都市の一等地などであれば、空き家から収益を上げることは十分に可能である。ただし、これまでの「住宅は住宅、オフィスはオフィス」といった固定的な使い方ではそのポテンシャルを活用することは難しい。従来の使い方にとらわれず、建物の特徴を生かす方法を考え、情報を発信する。それが空き家活用の第一歩といえよう。

最近では大家の負担を抑えることで活用を促進する仕組みや、建物価値ゼロを逆手にとってタダで家を手に入れる活動をしている人なども出てきており、中には自分で耐震補強をして最低限の投資で空き家を再生しようという例もある。これまでの住宅は家具や家電同様、買うだけの商品であり、消費するだけのものだったが、それには飽きたらない人たちが新しい方法を模索し始めているのである。実際に自分で作ることはなくても、シンパシーを感じる人も増えており、立地条件のいい地域を中心に、実は意外に活用は進んでいるのである。

†脱常識の柔軟な発想が必須

この章以降は実際の空き家の活用例を見ていく。特にこの章で取り上げる収益性を考えた活用では事例、取り組みが多く、すべてを網羅することは難しい。そこで、参考になりそうな事例をいくつか取り上げ、そこから何を学ぶべきかを考えていきたい。

シェアハウス「ゴーヤ邸」(撮影/田中雅也)

住宅は住宅として、オフィスはオフィスとしてだけ使うのではなく、元々の用途にこだわらず、その場に合わせて使うという柔軟な発想が空き家の活用を容易にする。それを実践しているのがオモロー不動産研究会を主宰する青山幸成氏だ。青山氏は広告代理店でウェブプロデューサーとしてキャリアをスタートさせたものの、途中で始めた不動産投資が面白くなり、現在は不動産投資・賃貸業を営んでいる。

どんなビジネスでもそうだが、最初からある特定の仕事だけに関わっていると、その業界の常識がすべてと思ってしまいがち。それが問題の解決を阻むようになるのは、非常によくある話で、一度常識を捨てたところに活路があることも多い。青山氏はその見本のような人で、彼が手掛ける物件はどれも従来と違う使い方で活かされている。

ちなみに、青山氏だけでなく、この章でご紹介する空き家活用の実践者たちの中には異業種でキャリアを積み、その後、不動産を手掛けるようになり、空き家を活用しているケースが少なくない。不動産の常識なるものが逆に活用を阻害している、そうも言えるのかもしれない。

さて、青山氏の活用例をいくつか紹介しよう。ひとつは神奈川県横浜市の京急井土ヶ谷駅から徒歩五分ほどの高台にある築七〇年以上、9DKの二世帯住宅をシェアハウスに利用している例である。

横浜市は急な坂の多い地域で、この土地も駅には近いものの、その途中には階段があり、購入して毎日上り下りをすることを考えると敬遠されても無理のない立地。車が入れないから、駐車場もなく、これも住宅として売買するとなるとマイナス要因である。

さらに、昔であれば必要だったかもしれないが、現在の家を買う人たちの家族構成を考えると、9DKは大きすぎる。その意味では広い土地にゆったり建てられている眺望の良い住宅は、今の住宅市場で考えると選ばれなくなってしまっているのである。

建物価値はゼロと評価されているので、土地だけと思って買って解体、その後に新築という手も考えられなくはないが、階段を利用しての解体、新築には平地でのそれとは比較にならないほどお金がかかる。

であれば、取り壊さず、活用するのが賢明というわけで、青山氏はこの住宅を購入、リノベーションを施した上でシェアハウスとして活用することにした。シェアハウスについては、その後、法的にどう取扱うか、論議が起こり、二〇一五年時点でも自治体によって取扱いが異なるなど非常に微妙な存在になっているが、青山氏が営業を始めた時点では問題は提起されておらず、スムーズに転用、現在に至っている。

この例に限らず、現在の住宅ニーズに合わない広めの一戸建てをシェアハウスとして活用する例は他にも枚挙にいとまがないほど。時代の変化が変えたニーズを新たなニーズに転換して吸収しているとでも言えば良いだろうか。問題はシェアハウスの位置づけが未だ明確でないこと。今後はシェアハウスを誰もが納得できる形に定義づけし、それによる普及が図られることを期待したい。

ちなみに急坂の多いエリアは同時に空き家が発生しやすいエリアでもある。神奈川県では横浜以外にもこうしたエリアが多く、たとえば横須賀市では谷戸地区（リアス式海岸のように谷が入り組んでいる地域）だけを対象にした空き家バンクを作っているほどだ。この地域も青山氏のシェアハウス同様、駅からは近く、緑、眺望に恵まれてはいるものの、車が入れない階段が続き、登り切った先には空き家・空き地が多い。横須賀市では高齢者の多い、このエリアで町会に協力してくれたら家賃を安くするなどを惹句に若い層の入居促進を意図。少しずつ成果を挙げている。

ちょっと脱線するが、急坂エリアの空き家活用ではもうひとつ、広島県尾道市の貸別荘を挙げたい。尾道も坂の多い街で、観光的にはそれが魅力となっているが、住む人にとっては苦行である。そのため、坂の上のエリアでは空き家が増加しているが、それを貸し別荘として活用しているのである。急な階段の上り下りも旅行時の何日かだけなら、それもまた良い思い出になる。階段よりも眺望が優先されることになる。観光地であれば、こうした使い方もできるわけだ。

本題に戻り、青山氏の他の活用例を紹介しよう。本人がオフィスとして利用しているお屋敷である。場所は藤沢市鵠沼。江ノ電沿線の、元々は別荘地として開発されたエリアで、周囲には二〇〇坪、三〇〇坪という広い土地に建つ豪奢なお屋敷が少なくないが、現代はこうしたお屋敷を維持するのは厳しい時代である。井土ヶ谷の例でもそうだったが、それほどに大きな住宅を必要とする人は少ないのだ。

その上、湘南、鎌倉など神奈川県の海に近いエリアは知名度が高く、ブランド力があるが故に売買しようとすると高くなりすぎ、なかなか流通しない。そこに相続絡みの個人の事情が加われば、お屋敷は簡単に空き家化する。

住宅をオフィスとして転用している「鵠沼邸」（撮影／田中雅也）

だが、それを住宅として貸すとすると、これまた問題がある。賃貸の場合には地域ごとに相場があるが、元々賃貸用として作られていない、広い一戸建てのようなイレギュラーな住宅は賃貸市場での値付けが難しい。

また、そうした物件の魅力をきちんと消費者にアピールできる不動産会社も少ない。古い物件だというだけで、価値無しと考える不動産会社もあるからで、そうなると、市場に出したとしても借りてもらえる可能性が低くなってしまう。

さらに、もし、消費者に見つけてもらったとしても相場よりも高い物件を住宅として借りてもらうのは難しい。だが、オフィスや店舗としてなら、十分に可能。その場合の家賃は経費にできるからである。

かつてであれば住宅街の中にオフィスを構えることなど考えもつかなかっただろうが、都会から離れた徳島県神山町でＩＴ企業のサテライトオフィスが成り立つ時代である。パソコンがあればどこでも仕事になる業種であれば、都心近くの家賃が高い場所にオフィスを構える必要はなく、住宅街の空き家がオフィスに変わっても不思議はない。

また、総じてオフィス、店舗の賃料が住宅のそれよりも高いことを考えれば、住宅をオフィス、店舗として貸すという方法は空き家活用の選択肢のひとつとなりうるはずだ。実際、青山氏が生み出した戸建オフィスという言葉はすでにポータルサイトなどでも使われるようになっており、オフィスとして一戸建てを探す人も確実に増えている。

その他、マンションをリノベーションしてオフィスとして貸す、オフィスビルを住宅として使う、一戸建て住宅を店舗併用住宅にするなど青山氏は様々な方法で不動産活用に取り組んでおり、その発想の柔軟さには見習うべきものが多い。最近では箱根、湯河原などの不動産を購入、リノベーションを始めているそうで、リゾート地のシェアなど新しい活用法が生み出されることになるかもしれない。

ちなみに例はまだまだ少ないが、リゾート地のシェアハウスも少しずつではあるが、登場している。よくサーフィンに行く人などであれば、ホテルより気兼ねなく、賃貸住宅より安く宿泊できる点がメリット。最近、少しずつ増えつつある、二拠点、多拠点居住の拠点としても利用できよう。

以下、柔軟な発想で主に都会の不動産を活用している例として住宅以外も含め、いくつか紹介しよう。

●寿司屋を居抜きで借りてカフェに

東急東横線妙蓮寺駅から徒歩三分。元々寿司店だった一階を利用したカフェがある。ここは所有者夫婦で営業していたものの、都合により閉店、内装を変えて欲しくないという要望から長らく空き店舗となっていた場所である。それを借りたのは以前からカフェ経営の夢を抱いていた若い女性である。一時はコンサルタントに相談、総額一五〇〇万円をかけて他の場所で開業する予定になっていたが、多額の出費が当然とされていることに疑問を抱き、思い出したのが空いたままになっていたこの店舗だ。

そこで二階に住む所有者に直談判。内装はそのままに借りることになった。行ってみると寿司屋のカウンターはもちろん、寿司桶なども焼き菓子の取る籠の代わりに利用されており、保冷ケースにはプリンなどの冷たい菓子が冷えている。四畳の小上がりももちろん、そのまま使われており、ご近所の子連れファミリーなどには落ち着くと評判と聞く。

寿司屋を転用したカフェ

この例で分かることはどういう業種だからこんな内装、こんな店という概念はもう取り払っても良いのではないかということ。もちろん、一般的には和風のカフェなら日本家屋が好まれるなどの傾向は顕著にあるが、それが絶対というわけではない。うまく、マッチングさえできれば、変わった使い方も十分あるのだ。

●昔のドヤ街の宿をシェアオフィスに

東京都新宿区。新宿駅にもほど近い一画というのに、開発が進まず、取り残されているエリアがある。新宿四丁目である。ここは区画が一〜四番地までしかないコンパクトな街で、四角い町域の真ん中を明治通りが走る。新宿駅に近いのはもちろん、明治通りを挟んではタカシマヤなどがあり、現在の観点で言えば利便性の高い場所である。

だが、明治末期から戦前まではドヤ街があり、林芙美子が「放浪記」で書いたところによれば一泊三〇銭、三畳の部屋が並ぶ木賃宿があった。ちなみにこの当時は山手線の初乗りが五銭、うな重が五〇銭という時代で、それで考えるとかなり安い宿だった。

戦後になり、ドヤ街には連れ込み宿が増え、夜になると立ちんぼも出るような街に変わっていく。それが昭和三〇〜四〇年代くらいまで続き、その後は現在の安宿街へ。昭和三〇年代の住宅地図を見ると、新宿四丁目全体が宿屋街となっており、中には新宿トルコ風呂などという、現在は見られなくなった名称の風俗も見られる。

しかし、その後、明治通りに面したエリアなどから、宿はビルに少しずつ建替わり、現在では、明治通りから見ているだけでは宿屋街の存在はほぼ見えない。だが、通りから離れると二段ベッドを置いてあるのであろう、一フロアに上下二段の窓のある建物なども残っている。

そのうちの一軒がリノベーションを経てシェアオフィスとして生まれ変わった。トイレ、キッチン、会議室は共用で、部屋は何室かをまとめて広くなっている。ただ、シェアオフィスはかつての三畳をそのままに活かしており、広くなった部屋でも床のカーペット、壁の跡などからかつての三畳のスペースは意識できる。立地の良さからか、人気の物件で内覧会後、すぐに決まった部屋も多く、コンバージョンは大成功だったといえよう。

ちなみに最近ではこうした三畳ほどの宿をリノベーションするケースや外国人向けにア

ピールする例も増えている。新宿もそうだが、地元あるいはその地域や宿の由来を知る日本人はこうした背景のある地域を敬遠する傾向がある。だが、外国人はそもそも、そうした背景を知らないし、それよりも観光に便利な立地であるかどうかが優先される。

そして、この類の宿は下町エリアに多いのである。観光で日本を訪れる人たちからすれば安く、観光に便利な場所に泊まれればそれが古くても問題はない。こうした発想の転換ができれば、古い旅館、ホテルにも勝機はあるわけだ。

宿泊施設についてはオフィスから、住宅から、倉庫から、学校からと多種多様な転用例もあり、少し調べてみると各種の宿が見つかる。こうしたところに行ってみると、発想の自由さが活用を生むことに気づくはずだ。

●築五〇年超の風呂無しアパートを外国人向けシェアハウスに

外国人の話が出たところで、もうひとつ、外国人にターゲットを絞った活用をご紹介しよう。築五〇年超、普通だったら空室だらけになっているか、取り壊されているかの木造アパートが満室経営を続けている。その要因は外国人向けのシェアハウスにしているため。満室の上、相場の倍以上の賃料で貸せているというから驚きである。

物件の所有者加藤隆氏は練馬区にある九室中六室が空室、二階の二室が空室という二棟の築古アパートを親から順に任され、その難局を打開するため、あちこちの不動産投資セミナーに参加。そこで出会った外国人向けのシェアハウスに転ずることを決意する。

ご本人もかつて海外でシェアハウス暮らしを経験していたことなど、外国人へのアレルギーがなかったことも幸いしたのだろう。二〇〇七年から今日に至るまで東日本大震災、リーマンショックと外国人居住者が本国に一気に引き上げてしまうような時期を経験しながらも、その度に工夫をし、乗り越えてきている。

加藤氏によれば外国人を相手に住宅を貸すには何点かメリットがあるという。

「借りられる物件が少ないので相場より高くても入ってくれ、退去させられると大変だから滞納もない。東日本大震災後、一気に退去した時もカード払いだったので、賃料は一〇〇%回収できました。また、浴槽に浸かる文化がない国もあり、シャワーだけでいいので最低限の改修で風呂無しアパートでも貸せます。築年数、地名にもこだわりがないので、築古、不人気沿線でも不利にならない。シェアハウスに抵抗がなく、和室好きが多いことも貸しやすい要因」とか。

日本人相手であれば古いのはもちろん、和室も風呂無しもひどく嫌われるものだが、外国人であれば問題にならず、逆に和室が好まれる。発想を転換すれば古い木造アパートも空室、空き家にならず、生き残れるのである。

ただ、もちろん、外国人向けにすればすべてが生き残れるというわけではないことも付け加えておきたい。加藤氏の物件は東武東上線上板橋駅から歩いて一〇分超。日本での滞在時間を有効に使いたい外国人たちにはあまり選ばれる立地ではない。

そこで加藤氏はパーティーを開き、その雰囲気を伝える動画を不動産会社に託し、PRしてもらうなどの工夫を凝らし、満室を続けている。それ以外にも掃除を徹底する、少しずつ物件に手を入れ、ベストな状態をキープするなど、努力は様々な面に及ぶ。

多くの空室、空き家を抱える大家さんが何もせず、茹でガエル状態になっている現状から考えると、不動産会社もそうだが、当事者である大家さんが改善をしようと努力するのが何よりも大事ということだろう。ちなみに加藤氏はビジネスマン時代は『改善』についてのプロ。やはり、ここでも異業種の視点を持ち込んだことが成功しているというわけだ。

●銭湯をボルダリングジムに

首都圏に限らず、日本全国で減少傾向にある銭湯。特に近年は廃業のピッチが早まっている。廃業後はマンション、ビルなどに建替えられることが多いが、建物を生かして転用されているケースもある。

たとえば、東京都大田区北千束、東京工業大学の近くの商店街にあった旧栗の湯は現在、

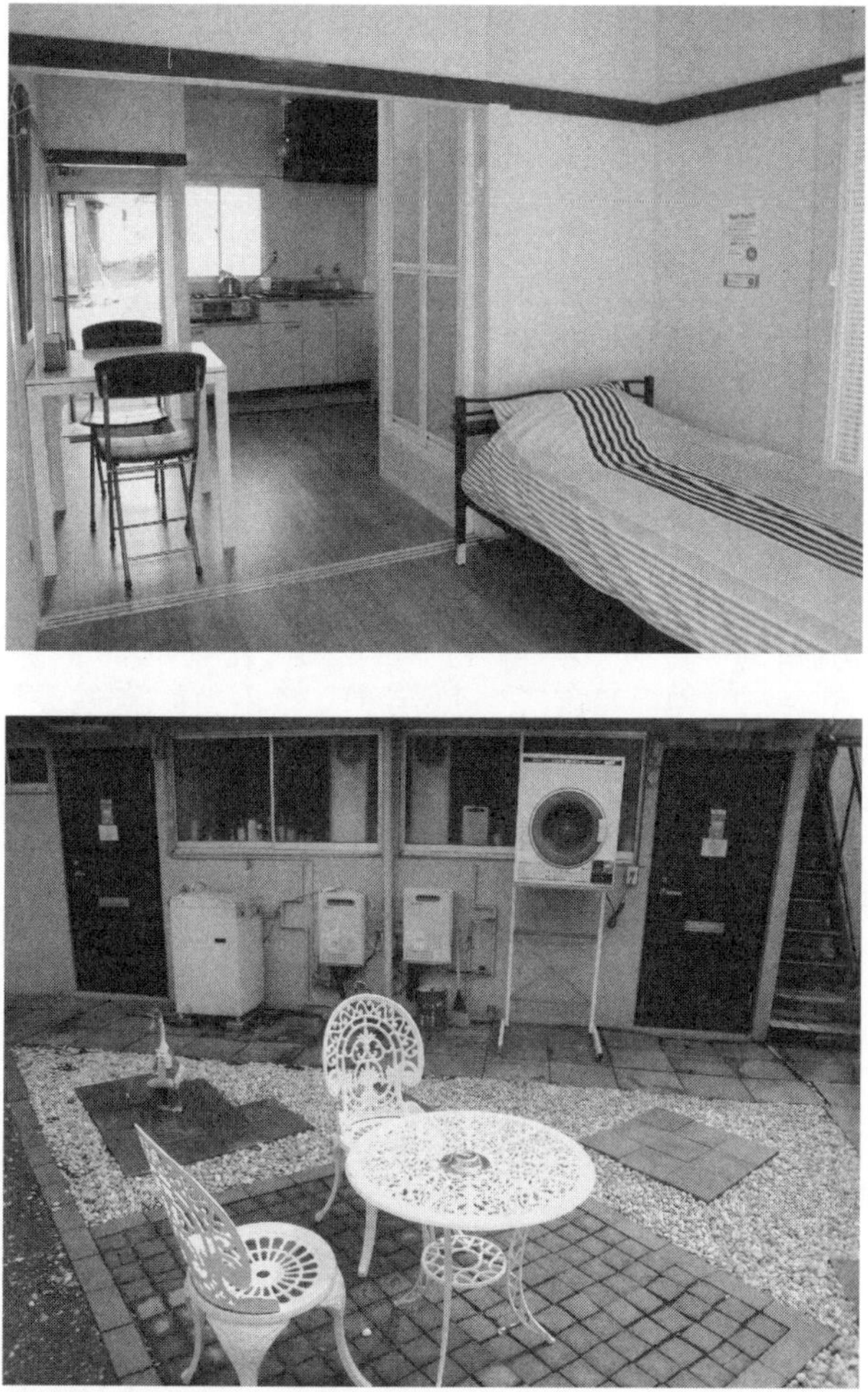

築50年超でも満室が続く練馬区の木造アパート

ボルダリングジムとして使われている。ボルダリングとは、ロープを使用せず、岩や石が凸凹と突き出した壁を壁面の石（ホールドと呼ばれる）を使って手と足だけで上っていくもの。登ることが大事だから、高さがある空間が向いているわけで、そこに銭湯が生かされるゆえんがある。銭湯はどこでも天井が高いからである。

実際、ここの天井高は六m。普通にこれだけ天井が高い建物を新築しようと思うと、一般的でないだけに費用がかかると思われるが、そもそもある空間を生かすのであれば出費は少なく、無理がないというわけだ。

銭湯の転用には様々なパターンがあり、空間が大きければ様々な使い方ができることが分かる。古い転用例としては一九九三年にオープンしたギャラリー「スカイ・ザ・バスハウス」があり、これは二〇〇年の歴史を持つ銭湯「柏湯」を改装したもの。高い天井から入る自然光が作品を魅力的に見せてくれる空間で、場所は近年散策の場として人気の谷中界隈。銭湯の転用と聞くと、この物件を思い出す人も多いようだ。

デイサービスへの転用も数多い。愛知県名古屋市に本社がある、介護サービス会社健遊館が既存施設を使ったデイサービス設置を積極的に進めているためで、閉鎖された銭湯以外も営業時間外をデイサービスとして利用している。いわば二毛作で施設を使っているわけで、これなら利用客が減っている銭湯の新たな稼ぎ口となる。銭湯を閉鎖せずに済むともいえ、同じ場を時間を変えて違う利用者に使ってもらうという手も空き家防止にはヒントになるのではないかと思う。また、飲食店やパーティースペースになっている例もあり、いずれもやはり高い天井が売りのようだ。

最近では銭湯の昼間をデイサービスに使うような、空いている時間、曜日だけ空間を貸すというようなビジネスも生まれている。いずれ使うかもしれないが、現在は空いているという家であれば、一日だけ、一週間だけというような形で貸すのも家に風を通す意味で有効かもしれない。また、家全体ではなく、軒先、庭先だけを貸すことも可能になってきており、立地などにもよるが、家の使い方は一般の人が思っている以上に自由になってきている。どうせ貸せないなどと思わず、自分たちの現状にあった貸し方がないか、調べてみても無駄ではないはずだ。

●木造アパートを一戸建てに

駅から一〇分超、加えて築二〇年超とあれば、空室のあるアパートは珍しくない。そんな半分以上が空室だったというアパートが一戸建てに生まれ変わった例がある。もともとの物件は上下階それぞれに四戸、計八戸というごく一般的な木造アパートだった。この物件を取り上げた不動産ニュースサイト、ホームズプレスによると、最初は古くなって設備更新をする必要に迫られ、それだったら取り壊して所有者の息子のための住居として新築一戸建てを建てようという計画だったという。

ところが、木造アパートの解体費用を全体の予算から引き、施工費などから逆算していくと新築した場合、現在の広さの半分くらいになってしまうということが分かった。そこで予算内でできるリノベーションで新居を作ることになった。幸い、構造的には耐震基準をクリアしており、八戸分の広い空間を生かした新居が生まれたという。

建築家、河内一泰氏の設計による室内は率直なところ、空間の関係が今ひとつ分からないほど複雑で、合成写真ではないかと思ってしまうほどだ。パステルピンク、ブルーなどに塗り分けられた室内は、もとが築年数の古い、空室だらけだったアパートと聞いても、全く信じられない。ここまでの変身が可能であるなら、世の空室だらけのアパートの未来も明るい気がする。

●木造アパートを世界最小の文化施設に

もうひとつ、木造アパートの活用例をご紹介しよう。リノベーションに関心のある方ならご存じかもしれない。文京区谷中にあるＨＡＧＩＳＯである。この建物は元禄年間から境内の萩で知られた萩寺こと宗林寺に隣接しており、一九五五年に竣工。長らく単身者のアパートとして使われてきたものの、二〇〇〇年以降はしばらく空き家になっていた。その後、二〇〇四年からは東京藝術大学の学生によってアトリエ兼シェアハウスとして使われてきたが、二〇一一年の東日本大震災を受け、一度は取壊しの方針が出る。

それを覆したのが二〇一二年に大家さんへの最後のお願いとして、入居者及びかつての居住者など二〇人が参加したグループ展「ハギエンナーレ二〇一二」である。このグループ展では建物の空間そのものを作品化、その迫力が多くの人を惹きつけ、三週間の展示期間には一五〇〇人もの人が訪れる結果になった。

思いもよらぬほどの賑わいに所有者は建物の保存を決意、元住民である建築家宮崎晃吉氏の設計で改修して生まれ変わることとなった。それが「世界最小文化複合施設」を謳うHAGISOである。建物は一階にギャラリー、カフェ、レンタルスペースがあり、二階には美容室、アーティストのアトリエ、設計事務所が入っており、むき出しになった柱、梁に歴史を感じる空間。文化複合施設というだけあって、定期的にギャラリーを利用したイベントなどが開かれており、ジャンルも建築、ダンス、映画、子どもを対象にしたものと幅広い。

二〇一五年一〇月からは近隣に宿泊施設HANAREをスタートさせる予定で、そこで使われる建物も築五〇年の木造アパート。ここ数年は空き家になっていたものが相続で代が変わり、活用されることになった。二〇一五年七月の時点で詳細は明らかにされていないが、前述のDIY型賃貸の類型に属する契約で、新しい試みになっているはずだ。

†多くの人が関わることが活用を促進

同じシェアでもアトリエをシェアするという考え方で神奈川県鎌倉市の谷戸の古家を活用している人がいる。一七年前に鎌倉が好きで移住、長らく鎌倉の情報を発信し続けてきた島津健氏である。

そのシェアアトリエたからの庭があるのはJR横須賀線北鎌倉駅から歩いて一〇分ほど。昭和一〇年前後に女性陶芸家が窯を開き、その後は日本のバレエ界の先駆者がアトリエを開くなど、様々な形で使われてきた場所だが、その後、長らく空き家のままに放置されていた。二〇〇九年に島津さんが案内されてきた時には自生したみょうがに埋もれるように家があったそうだ。

それをプロの手を借りつつ、でも自分たちでできる部分は自分たちで改修、会員制のシェアアトリエとして再生した。ポイントはこの、多くの人たちが関わることになるという仕組みである。

「鎌倉では古民家を借りて教室をやりたいと考えている人が多いのですが、一人でやろう

シェアアトリエ「たからの庭」（撮影／田中雅也）

とすると場所代だけで二〇～三〇万円かかり、なかなか難しい。でも、シェアしてやれば一人ずつの負担は少なくて済む。古民家は上下水道の修理だけでもすぐに五〇～六〇万円かかってしまうなど、修理、維持にお金がかかるものですが、それを保存していくためには、街に開かれた存在にすることで、多くの人に利用してもらうのが手だろうと思ったのです」。

多くの人でシェアして使うことでリスクを分散するという考え方である。空き家の、特に一戸建てでは工事をしてみないと修理費用が正確には分からないといったリスクがあるが、それを多人数で使うことで軽減しようというわけである。

シェアにはリスクや費用の軽減以外にも

効用がある。たからの庭はホール、和室、陶芸小屋、庭などで各種講座やイベントを開く人たちに利用されているが、その人たちが互いに知り合いになり、新しいネットワークが生まれているのである。

ネットワークはイコール人間関係であり、人間関係が広がるということは情報が伝わりやすくなるということである。最近ではよく情報発信力という言い方を聞くが、この力は空き家解決のみならず、様々なビジネスでも役に立つ。前章で情報のマッチングが大きな課題であることを何度か述べたが、情報を発信する力があればあるほど、それがしやすくなるのである。

たとえば空き家を借りてもらいたいとして、自分ひとりで友達一〇人に話をするより、友達一〇人がそれぞれの友達に話してくれるようにするほうが借り手は見つけやすくなる。実に簡単なことだが、これまでは意外に軽視されてきた。だが、今後はあらゆる分野で必要とされる力であり、最近、建物のリノベーションなどの際にワークショップという形で参加者を募るやり方はこれを意識したものである。自分が参加した作業を経て完成した建物だとしたら、参加者はそれについてそれぞれ違う人にその経験を語る。当然、主催者が一人で情報を広めようとするよりも多くの人に伝わることになる。

ただ、言葉で因果関係を言うことは簡単だが、人間関係を広げ、情報が拡散しやすくなる状況を作るのは一朝一夕にできることではない。島津氏もたからの庭を知ってもらうのは容易ではなかったと言う。

鎌倉は人気のある観光地ではあるが、たからの庭は人気観光スポットに近いなど、便利で分かりやすい場所にあるとは言い難い。そのため、ブログ、SNSなどで地道に情報を発信、それで少しずつマスコミなどに取り上げられることが増え、現在では月の半分近くが何らかのイベントに使われているとか。テレビやCMなどの撮影に使われることもあり、写真を見れば、何かしらで見たこともあるという人も少なくないのではないかと思う。

これまでにない使い方でも今の時代、理解をしてもらうことができ、情報を伝えることができれば、参加したい、利用したいという人を見つけることはそれほど難しくはない。問題は情報発信。それを解決するための方途として多くの人に関わってもらうというやり方は有効というわけだ。

また、たからの庭で講師をした人が大手の百貨店に出店するなど、人が育つ場となってもいるようで、街、地域にとっては文化を生み出す場ともなっている。この部分も空き家活用に当たっては大事なポイントだろうと思う。

たからの庭以外にも、ここまでにいくつか、空き家を住宅以外の施設として利用する例を紹介した。住宅をそのまま住宅として利用するのは建物としては最も無理がなく、自然だが、住宅の場合、その場所を使えるのは住む人、多くても来客くらいに限られる。

だが、アトリエ、ギャラリー、イベントスペース、店舗など不特定多数が来る場所にすれば、多くの人がその場所を利用できることになる。そして、訪れる人が増えると、その影響は周囲に波及する。空き家を活用することで、周辺のエリアにも活気が広がり、地域もまた再生するのである。寂びれつつある場所に立地する空き家もあることを考えると、家だけを生かす使い方よりも、その家を使うことで地域を生まれ変わらせるような使い方のほうが賢明ではないかと思うのである。

実際、都市の空き家活用だけでなく、地域活性化の現場でも空き家を人が集まる場所として活用することで地域を変えている例は多く、どうせ活用するなら、そうしたやり方ができれば一石二鳥。その意味ではこうした活用は収益性だけでなく、公益性も持ち合わせたものとも言える。

ただし、住宅街では地域に不特定多数が入ってくることを嫌がる人がいたり、用途によっては転用できないこともあるので、その点は注意が必要だ。

†事業者がリノベーション費用を負担

所有者が費用を負担しなければならないことが放置される空き家を増大させているので

あれば、費用負担をしなくて済むなら活用が広がるのではないか。そんな考え方がある。ひとつは前述したＤＩＹ型賃貸の例である。借りる人が自分で修繕、改修などを行うというもので、これなら大家さんの負担は限りなくゼロに近くて済む。

それ以外に最近、登場して注目を集めているのが修繕、改修を行う事業者が費用を負担するという仕組みである。たとえば、リノベーションを手掛けるルーヴィスという会社ではカリアゲという名称で、自社で施工、大家さんから物件を一定期間安く借り上げて、それよりも高い賃料で貸し、差額でリノベーション費用を回収する仕組みで空き家再生に取り組んでいる。二〇一五年に完成し、カリアゲ一号となった物件を例に仕組みを説明しよう。

舞台となったのは品川区、東急目黒線武蔵小山駅から少し離れたところにある林試の森公園近くの木造アパート。品川区から目黒区にかけてのこのエリアは細い路地に面した古い一戸建て、アパートなどが多く、接道の問題などから建替えできないような物件が少なくない。防災上問題が大きいと、東京都も地元自治体も対策を急務としてはいるが、なかなか進んでいない、そんな地域である。

そんなエリアの中にあって、カリアゲがリノベーションしたアパートはとんでもなく条件が悪い物件だった。接道が悪いという以前に、建物が面しているのは元水路という、建

カリアゲ第一号物件のリノベーション前（上）とリノベーション後（下）（写真提供／ルーヴィス）

築基準法上は道路でもない土地に面していたのである。さらに土地の所有形態は借地権で、その上、水道管、ガス管が他人の敷地内を通っており、交換などが難しい。

最近はこうしたマイナス要因を抱えた物件を投資用として購入、リノベーションをして貸すことで収益を上げている投資家も少なくないが、その場合、許容されるのは瑕疵ひとつくらい。三重に瑕疵を抱えている物件はプロでも扱いにくい。

そのため、この物件を所有者から買った不動産会社も買いはしたものの賃貸することもできず、もちろん、売れもせず、お手上げ状態で長らく空き家のまま。それに目をつけて購入した人からの依頼で、ルーヴィスの福井信行氏がリノベーション、転貸することになったのである。

物件価格は一〇〇〇万円を切るくらい。そこにプラスされるリノベーション費用はルーヴィスが負担する。その代わり、リノベーション後六年間は所有者から安く借上げ、それを貸した賃料差からリノベ費用を回収するという形になる。

リノベーション費用は独自の方法で見積もった。「具体的には延べ床面積×一三万円の改修費をベースにそこに不測の事態を想定してみました。ここは上階、下階で五〇㎡ほどなので六五〇万円＋一〇〇万円ほどでできるかと思っていたら、建物は腐っているわ、床は傾いているわ、土台も溶けたような状態でジャッキアップして基礎を作り直すことに。

最終的には八五〇万円くらいかかりました」(福井氏)。

この仕組みとオーナーが自分で費用を負担した場合を比較した収支が図表4-1である。大家さんが費用負担無しでカリアゲを利用した場合(図表の2)、大家さんは六年間(七二ヶ月)、月額一万五〇〇〇円(④)で住宅二戸をルーヴィスに貸す。その間、ルーヴィスはこの住戸を月額一七万八〇〇〇円(①)で転貸し、その差額で改修費用の八五〇万円(②)を回収し、プラス年に一一万円ほどの収益を受け取る。

これを大家さんが自分で費用を負担してリノベーションした場合には大家さんはルーヴィスが受け取る年額一一万円ほど、六年間にすると六七万円ほどを余分に手にすることができる。損得で考えればもちろん、自分で費用を負担するほうが得だが、費用がない大家さんにとっては自分がお金を調達せずに済み、かつ不測の事態に出費が嵩む不安がない分、このやり方は有効だ。転貸期間が終わった後にはリノベーション済の物件が手元に戻ってくるわけだから、以降の賃料収入が以前より大きくなるであろうことも魅力である。

実際、一号物件が完成した後、この仕組みはテレビ番組で取り上げられ、ルーヴィスには問い合わせが殺到した。それ以前からも他の物件でのカリアゲは進行しており、あと一年もすれば、カリアゲ物件はかなりの数、世に出ることになるはずである。

気になるのはこの仕組みが成り立つのは首都圏でも極めて限定された地域だけなのでは

図表４－１　６年間でみた下目黒のカリアゲ収支

１）オーナーがリノベーション費用を負担する場合

オーナー収入（月額賃料合計）		期間（ヶ月）		６年間の限界収入
¥178,000	×	72	=	¥12,816,000①
６年間の稼働率を仮に80％で計算する。			=	¥10,252,800①′
リノベーション初期費用			=	¥ 8,500,000②
オーナーの６年間実質収益①′－②			=	¥ 1,752,800③

２）オーナーが費用負担なしでカリアゲの場合

カリアゲの場合のサブリーサー（ルーヴィス）の収入（稼働率80％で計算）				
¥178,000	×	72	=	¥10,252,800①′
オーナー収入（借上賃料）		期間（ヶ月）		６年間の限界収入
¥15,000	×	72	=	¥ 1,080,000④

オーナー負担とカリアゲの実質収益の差額

６年間の差額合計③－④	=	¥672,800
１年間の差額合計（③－④）÷６	=	¥112,133

注）６年間空室がないとした場合の限界収入は128万6000円（①）だが、実際には入退室時その他で空室期間がでるため、こうした収支を計算する場合にはその分を見越して稼働率を設定し、収入を見込む。ここでは稼働率を80％として、限界収入に乗じ①′を算出した。

ないかという点だ。改修費用を賃料の差額から回収するわけだから、そもそもの賃料があまりに低い地域では成り立たないのではないかという疑問である。

たとえば今回は二戸に八五〇万円を掛けた。これを六年間で回収するとすると、八五〇万円のうちの半分、一戸分の四二五万円を転貸期間で割ることになる。四二五万円÷（一二カ月×六年間の七二カ月）というわけで、結果は五万九〇〇〇円ほどになる。

ということは、大家さんに払う多少の家賃にそれだけの額をプラスした家賃が取れる場所でなければ、このスキームは成り立たない計算になる。実際には六年間のうちには多少の空室期間は出るなど、もう少し詳しい計算が必要になるが、そのあたりはここでは略する。

改修費用をもっと少なく抑える、転貸期間を長くするなどの手はあるし、そもそも建物が違えば条件はすべて異なるため、必ずしも、この計算がすべてに当てはまるわけではない。だが、と思い、聞いてみた。

「東京なら一部のエリアを除けば、たいていの地域の空き家を解消できると思います。ただ、当初は賃料相場の高い品川区、目黒区、谷根千エリアなどでの成功例を作り、それを広めていく形にしたいと思っています」。

首都圏で、賃貸需用が見込める地域であれば、かなりのエリアで使える手法と判断しているというわけだ。

†オフィスリノベにも同様の仕組み

賃貸住宅だけでなく、オフィスの空室を同様の仕組みで改修する例も出ている。別途コラムでオフィスの空き家問題について取り上げるが、オフィスの空室、空き家問題は住宅のそれよりも深刻である。というのは住宅の場合、リノベーションで室内を大きく変え、かっこよくすることでそれを売りにするという手があるが、オフィスではそれが売りになりにくいのだ。

「現在、賃貸オフィスを探している起業後まもない会社や社員一〇人以下の企業の場合、オフィスの内装にお金をかける余裕はありません。また、そうした中小零細企業相手のオフィスの大半は昔ながらの白い壁紙、グレーのタイルカーペットで無個性なものばかり。予算はないし、物件に選ぶ余地もない。としたら、予算内でもっとも便利な場所を借りようと思うようになります。実際、私が主として取引をしている池袋では駅から離れた場所ほど空室が増えています」というのは、池袋でオフィス、店舗を扱う不動産会社、M＆Kカンパニーの齋浩介氏。

図表4－2は池袋駅東口一〇分圏における駅からの所要時間別のテナントビルの空き割

図表４－２　池袋駅東口10分圏における駅所要時間別テナントビルの空き割合

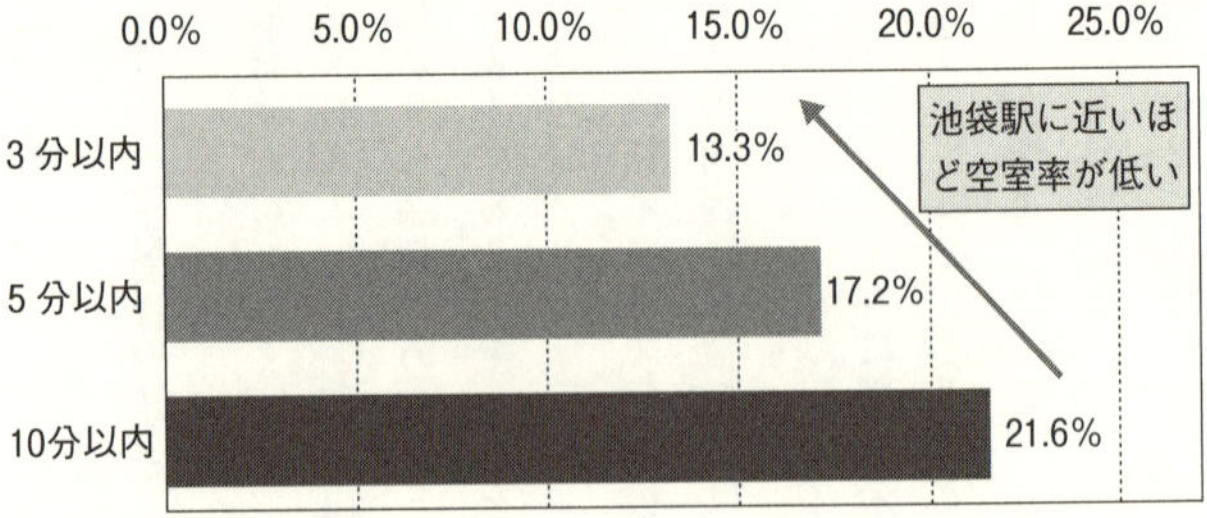

（出所）Ｍ＆Ｋカンパニー調べ

合。三分位以内で一三・三％が、五分以内で一七・二％、一〇分以内になると二一・六％になる。オフィスの場合には住宅よりも経済合理性が強く働き、利便性が何よりの決め手になるのである。

そのため、多額の費用をかけてリノベーションをしても回収は難しい。相場よりも大幅に高い物件はいくら見た目がよくても借りてはもらえないからである。それもあり、空室があってもそのままにしているケースは少なくない。齋氏が施工を担当するスイッチコネクションの関戸正彦氏と手掛けた六本木のオフィスビルもそうした状態だった。

「先代が放置していたため、全体の四割、六室が二年間空室のまま。前入居者が夜逃げしたため、残置物がある部屋もあり、片づけて貸すのが面倒だったのでしょう。でも、入居が決まったら片付けますでは、汚い荒れた部屋を見せても借り手がつくわけはありません」。

そこで、ビルオーナーが二分の一、齋氏、関戸氏が四分の一ずつ、計五二〇万円をかけて三室をリノベーション。それを家賃から回収することにした。これまで手がけた物件では、オーナーの負担ゼロでリノベーションしたこともあるという。

「入居者が決まらなければ自分たちが出した費用を回収できません。ですから、必死に費用対効果の高い手段を探し、適正な値付けをし、PRをする。その結果、工事完了後一〇日（募集開始から一・五カ月）で入居者が決まり、現在は満室。約一年でリノベ費用は改修でき、追加で行った地下の改修も一年半で回収できる計算で、その後はプラスに転じることになっています」。

第2章で空き家が活用されない理由のひとつに相談する相手がいないという点を挙げた。特に賃貸物件の場合には適切なアドバイスがあれば、空室にしなくて済むのにという物件は少なくない。当初は一室くらいなら仕方ないと思っていても、それが三割を超すようになると、赤字が嵩み、立て直しは難しくなる。さらにそれが四割を超すようになると全戸空室、空き家化は目前である。

本当はその前にきちんとアドバイスできる不動産会社、管理会社があれば、賃貸物件の空き家はなんとかなる。不動産会社の奮闘を祈りたいところだ。

†価値ゼロの空き家を自宅に

築年数が古く、銀行的な価値で言えばゼロになってしまった空き家を購入、自宅にしようという取り組みをしている人もいる。ライターでファイナンシャルプランナーの高橋洋子氏だ。

高橋氏は一一年ほど中野区の西武新宿線新井薬師駅周辺の賃貸に暮らしており、自宅を購入するのであればこの周辺と決めていた。ところが、新井薬師は江戸時代には子育て薬師として広く信仰を集めた新井薬師の門前町で、都心にも近く、古くから開発されてきたため、新規に分譲される土地はほとんど出ない。

「供給が少なく、探している人が多いエリアなので、たまに空き家を見かけても、すぐに更地になり、あっという間に新築建売住宅が建てられてしまう。新築になると五〇〇〇万円はするので、とても手が出ない。それでもと思い、何軒か新築も見に行きましたが、どれも同じような間取りでいいとは思えない。そこで中古に狙いを定めたのですが、こちらもなかなか物件が出なくて」。

そんなところにかつて印刷会社が事務所として使っていた建物がビルばかりを扱っているサイトでオフィスビルとして売られていたという。一階にキッチン、和室、二階を事務所として使っていたようで、それが競売にかかり、購入した会社が二五〇〇万円で売却しようとしていたものの、一年ほど空き家になっていたという物件だ。

しかも、この物件には築三七年という古さだけではない問題もあった。ひとつは建蔽率オーバー。これは他の空き家でもよくある話で、建替えても現在より小さな建物しか建たないし、この物件を買おうとしても都銀などの金融機関からはローンが借りられない。違法な建物ということになるからだ。空き家を含め、中古物件の流通を阻む障壁のひとつはここにある。買いたくても、ローンが借りらないからと諦める人は少なくないのだ。

もうひとつは雨漏りがあったこと。天井が抜けて雨漏りをしており、長らく空き家になっていたため、全体がかび臭くもあった。これも空き家ではよくある話で、一般の人には建物の見た目が悪いとそれだけで敬遠される。実際には多少の工事で住めるようになるものでも、イメージがつかないのである。

ただ、この家の場合の雨漏りはどうやら、外からの雨が吹き込んでいることが分かり、また、金利は高くなるものの借りられることも分かったことから、高橋氏はこの家を購入、自宅とした。

家を買う人にとっては金利の高さは気になるところ。いくら立地が気に入っていても負担になるほどの金利であれば、買う決断はできない。

「銀行以外でも住宅ローンは借りられますが、ノンバンクは金利が高い。私の場合は三・九%。悩んでいるうちに不動産会社さんから『まだ、買う気があるなら二五〇〇万円を四三〇万円下げ、二〇七〇万円にする』と言われ、それで決めました。物件価格二〇七〇万円にリフォーム費用一一八〇万円で計三二五〇万円。当初予算より少し安くてすみます。そこで高い金利で借りる分をできるだけ減らそうと、定期預金や投資信託を解約するなどして現金をかき集め、自己資金一五〇〇万円を用意し、住宅ローンは八〇〇万円だけに。それとは別に、リフォームローンで一〇〇〇万円を固定で二・九%で借りました。今なら住宅購入とリフォームを一括で借りられるローンがありますから、そういうのを使う手もありますね」。

最終的に決断できたのは頭金を増やして、ローン分を減らして買えば、同じ場所に新築を買うよりも総返済額は少なくて済むためだ。

頭金を同じ一五〇〇万円として、新築を五〇〇〇万円で買う場合と、高橋氏の場合で非常にざっくりとだが、毎月返済額、総返済額を計算してみると、新築の場合には三五〇〇万円を金利一%で三〇年返済で返すとして毎月返済額は一一万三〇〇〇円、総返済額は四〇五三万円になる。

これに対して住宅価格、リフォーム費用の一七五〇万円を金利三%として二〇年返済で返すとした場合には毎月返済額は九万八〇〇〇円、総返済額は二三三〇万円になる。

確かに金利は高いが、物件価格が安い分、早く返せるし、総返済額ははるかに安く済む。こうした計算がきちんとでき、銀行のローンが利用できるようになれば空き家を含め、中古の流通は増えるはずである。

†知識が空き家を活かす

高橋氏はこうした自分の経験を書籍にまとめ、かつ、現在ではあちこちでこの経験を踏まえ、セミナーを行っている。どこの会場にも多くの人が集まっており、「ゼロ円新居を提唱していますが、中には都内で一五〇万円などという額で家を手に入れた人もいるほど。発想を変えれば無理なく一戸建てが手に入るはずです」という。

最近では自宅としてだけでなく、建物価値ゼロの物件を購入しての不動産投資に関心を持つ人も増えており、空き家を生んだ税制の仕組みが逆に利用されている感もある。価値ゼロ、無から賃料という有を生み出しているのだから、収益が高くできるのは当然。見方によっては空き家は必ずしも悪いだけのものではない。

ちなみに高橋氏はファイナンシャルプランナーであるが、資格を取得したのは住宅購入後。「住宅ローン減税はリフォームローンにも使えます。でも、その時、いろいろ調べても自分が適用されるかどうか分からず、適用されないだろうと判断し、確定申告をしたのですが、その後、リフォーム業者と話していた際、適用対象であることを知り、半年後に修正申告をして、五年間の減税が受けられることに。これを機に、家、特に空き家や中古住宅を買う時に損しないためにはお金の知識は必要だと実感しました。それで資格を取得しました」。

本当はバリアフリー改修工事、省エネ改修工事も申告すれば固定資産税、所得税の軽減措置があるが、こちらについては工事後三カ月以内の申告期限があり、期限を過ぎてから気づいたため、適用されなかったとか。知識がないと損するのである。逆に知識があれば助成を利用することもできる。

たとえば自治体によっては耐震助成金も使えるだろうし、都内で高齢者がいる家庭で介護認定を受けている場合、介護保険から最大二〇万円の助成金もある。東京都ではそれとは別に介護認定の有無にかかわらず、住宅改善事業に助成が出ることもある。

それにそもそも、知識がないから中古を敬遠するという傾向もある。「新築の場合には一〇年の住宅かし保険がありますが、中古は五年。だから新築のほうが安全、強いと思っている人も。火災保険、地震保険にも中古だと不利、入れないというような誤解がありますが、火災保険は建物の面積と再調達価額などから算定されますし、地震保険はエリアと構造で掛け金が決まります。ですから、中古でも、リフォームでも入れますし、極端に不利というわけではありません」。

最近は多少変わってきてはいるものの、基本、住宅市場の情報の大半は住宅を供給する側から提供されている。新築を売る会社が多ければ、新築に偏った情報が提供されるのは当然で、そのせいもあって古い物件は危険と思われている節がある。だが、今後きちんとした情報が提供されていけば、その意識が変わってくるかもしれない。

†自分で耐震補強して空き家再生

空き家活用を考えた時、建物の改修は必ず出てくる問題だ。特に東日本大震災後は、耐震性能を気にする人が増えた。その一方で木造住宅の耐震補強が進まないのは改修にかかる費用のせいである。

大半の自治体では一九七一年五月三一日以前に在来軸組工法または枠組壁工法で建築された住宅であることなどの要件を満たす住宅については耐震改修事業を行い、助成している。具体的な内容、要件、助成額は自治体によって異なるが、主に耐震診断、耐震設計、耐震改修のそれぞれ、あるいは診断プラスいずれかに助成をするというもので、耐震診断については千円単位の負担で済むことが多く、ハードルは低い。

だが、耐震改修となると東京都二三区のように比較的助成額が高い自治体でも多くて一〇〇万円程度まで。残りは自己負担となる。しかも、それが一〇〇万円単位となることも予想され、特に高齢者世帯では負担しきれない。

では、実際に工務店に依頼した場合、いくらかかるか。高知県で建築事務所を営む建築士中宏文氏によると、

「一般的な平屋であれば職人が二人、二週間あれば施工できます。高知の場合、職人の日当は一万五〇〇〇円〜一万七〇〇〇円で、仮に一万五〇〇〇円として計算すると二一万円×二人分。これに材料と養生その他の実費が八〇万円、さらに諸経費を載せると費用が出ます。人件費、材料費で一二〇〜一三〇万円ですが、適正額が分からないこともあり、一時期は三〇〇万円かかりますと言っている会社もあったほど。最近はさすがに平屋で一六〇万円〜二〇〇万円、二階建てで二〇〇万円〜二五〇万円という例が中心です」という。

耐震補強が高くなりがちなのは、ある程度解体してみないと白蟻被害や雨漏り状況などが分からず、後で高くつく可能性があることに加え、施工後、屋根をいじったことが雨漏りの原因になったなどと不備を主張されるリスクがあるため。工務店にとって高額見積もりは後日の保険だというわけだ。

工務店の気持ちも分からないではないが、それでは耐震改修は進まない。当然、空き家

の活用も難しい。そこに一石を投じたのが中氏の始めた家づくり教習所である。職業訓練校で耐震補強を学び、その後、講師として教えていた経験から、同教習所では自分で耐震補強ができるように教育をするという。

「高知県の場合、耐震改修補助事業に耐震設計があり、実際には三〇万円かかる耐震設計に二〇万円の助成が出ます。一〇万円で構造計算書、設計図を作ってもらえるわけで、これを基に自分で施工しよう、そのための技術を学ぼうというのが家づくり教習所です」。

どのように改修しなければならないかは設計図に書かれており、一般の人がこれを読むためには解説が必要だが、半日もあれば分かるようになると中氏。というのは耐震改修でやらなければならない作業自体はほぼ決まっているからだという。

「耐震壁を設ける、筋交いを入れる、面材耐力壁を作る、柱頭、柱脚に金物を取り付ける、基礎を補強する、白蟻被害のある梁、柱を補強するなどが主な作業で、そこにどんな道具、材料が必要かも決まっています。何ミリサイズのビスを何センチピッチで打つかまで決められているので、その仕様が読めて、作業ができれば耐震改修は素人でもできます」。

作業もそれほど難しくはない。接合金物も、耐力壁もビスで止めるので、インパクトドライバーが使えさえすれば大丈夫。日曜大工をやったことのある人なら一日、二日で、全く経験のない人でも数日あればそこそこできるようになるという。また、材料のうち、材

家づくり教習所ではこの基礎の上に家を建てた

木は地元の業者から、ビスや金物、道具類はインターネットで買えば安く済む。

教習所は二〇一五年八月三日から二五日間に開催され、受講料は二〇万円。ここに滞在費五万円、道具代が三万円かかり、加えてこの間は仕事ができない。社会人が参加するのは大変そうだが、それでも東京、北海道、京都、大阪、九州、地元高知などから総勢二〇人が参加を予定している。うち五人は高知への移住希望者だ。

「高知では不動産会社を介して購入すると して三〇〇万円~四〇〇万円、地元の人から直接売ってもらうとしたら一〇〇万円以下で一戸建てが手に入ります。ウチの前の物件ならタダでもらえるほど。それを自分で直して住むとしたら、住居費が抑えられ、移住もしやすくなりますし、住んでからも住居費が少なければ生活もラクです」。

†底流に小屋ブーム

耐震改修技術習得が高知その他の地域への移住の可能性を高める、住居費節約に繋がるのももちろんだが、中氏がこのプロジェクトにこめる気持ちにはもっと深いものがある。「今は工夫をしたり、考えれば本当は自分でできることも簡単に人に頼んでしまう。でも『住む』『食べる』が自分の手でコントロールできるようになると、自信がつきます。本当の意味で自立できるのではないかと思うのです」。

かつて家は自分でも多少はいじれる、作れるものだった。だが、生活が忙しくなり、工業化住宅が主流になると、家は誰かが作ってくれるもので、自分が関われるものではなくなった。そこから家や生活に対する無関心が生まれたのではないか。だとしたら、家と自分との距離を考え直すことは生活のあり方そのものを見直すことにならないか。

アメリカでは二〇〇〇年頃から「Tiny House Movement（タイニーハウス・ムーヴメント）」という動きが起き、リーマン・ショック後に大きな支持を得るに至っている。これは大きな家ではなく、トレーラーハウスや自作のログハウスなどの「小さな家」、つまり「小屋」に住むことを選択するという生き方である。できるだけモノを所有せずにシンプ

小屋展示場

ルに暮らすことを良しとし、従来の大量生産、大量消費という社会のあり方に異を唱えるもので、日本でも徐々に小屋ブームが起こりつつある。

二〇一四年一〇月には東京都港区、虎ノ門ヒルズのすぐ近くで日本初の小屋展示場なる展示が行われ、台風来襲の悪天候にもかかわらず、一週間で一万二〇〇〇人もの来場者があったのは記憶に新しい。二〇一五年七月末から八月にかけては規模を拡大して長野県茅野市尖石遺跡周辺で開催されており、小屋を販売する会社なども現れている。

この動きは従来の誰かが作ってくれる住宅に飽き足らず、自分で作ってみたいと考える人たちの増加を反映しており、昨今のＤＩＹブームなどとも重なる。資本主義は生産者と消費者を峻別することで成長を続けてきたが、消費するだけでは人は飽きてしまう。ことに最近のように道具や材料が良くなってくると、素人でも生産者に近いモノを作ることができる。

資本主義そのものにも陰りが見え、消費し続けることへの反省もある。住宅で言えば、家作りを他人任せにしてきた結果、住宅を手にするためには多額のローンを抱えなければならない不自由さがあり、もっと選択肢を増やしたいという気持ちにも繋がっているのかもしれない。そうしたもろもろの思いがタイニーハウスへの共感を呼び、時間とお金をかけて耐震改修を学び、家に関わりたいという意識に繋がっている。

そう考えると、耐震改修の技術は実用的であると同時に、現在の経済の仕組みの中にある住宅を再考するという意味も持つ。当然、家は使い捨てで良いのかという疑問もあるはずだ。

面白いことに前述の高橋氏も同様にこれまでの消費社会への疑問を口にした。親の広い家にがらくたが詰め込まれている状態に、モノは私たちを幸せにしたかと疑問に思うというのである。がらくたを置くためには大きな家が必要だったかもしれないが、生活に必要なものだけを考えれば、家はそんなに大きくなくてもよく、かつツルピカの新築でなくても良い。そうした考えが増え、自分で家に関与する人が増えてくれれば、家は使い捨てになららなくなるし、空き家も減るのではないか。高橋氏、中氏の声にはそうした未来が見える気がする。

ちなみに日本全国の自治体の耐震改修事業については公益財団法人不動産流通推進センターが運営する総合不動産情報サイト「不動産ジャパン」に一覧があり、各自治体の該当施策にリンクできる。

コラム 隠れた空き家問題①都市部の古いビル
――トイレ問題がオフィスの空室率を左右する

住宅の空き家問題はよく語られているが、表に出てこないのがオフィスビル。都心五区の空室率は二〇〇八年のリーマン・ショック後の二〇一二年には九%にまで上昇したものの、二〇一三年くらいからは徐々に好転しており、二〇一五年時点では賃料上昇の目安となる五%を割り込んでいる。この傾向は都心五区に限ったことではなく、オフィス仲介大手の三鬼商事が二〇一五年八月に発表した同年七月のデータでは大阪中心部、名古屋中心部でも空室率は改善傾向にあるという。

だが、だからと言って空室が出ていないわけではない。統計では見えにくいが、大阪市はオフィスビルのコンバージョン（用途変更）を推進しているほどだし、首都圏の都心五区でも中小の古いビルが多い中央区では新しい大規模ビルの多い千代田区などに比べ、苦戦している。当然、都心五区以外の築四〇年以上、バブル前の旧耐震オフィスビルで、かつ駅から徒歩一〇分以上ある物件では空室が増えている。

加えて、今後苦戦するであろう要件があるという。前出の齋氏に聞いた。

「日本では中小、零細企業が多いのでビルの規模が小さいこと自体はそれほど問題ではありません。一時期はOA床でないダメという言われ方をしましたが、最近は平型のLANケーブルでカーペットの下を通せるようになったので、これもそれほど問題にならなくなりました。

それよりも、設備の規格が古い点が問題になります。たとえばトイレの問題です。昭和三〇年〜四〇年代のオフィスビルだと床面積が三〇坪〜四〇坪でトイレが男女共同、しかも和式という物件があり、それが嫌われます。和式を洋式にするくらいなら、三〇万円もあればできるのですが」。

最近の中小企業では女性を無視するわけにはいかない。そして女性は男女共同、和式のトイレを歓迎しない。人材確保の面でトイレ問題はささいなようで、実は非常に重要なのである。

「電気の容量が足りないビル、光ケーブルを利用できないビル、エアコンが旧式で非常に電気代が高くつく、そうしたビルも選ばれません。電気の容量はビルに設置されている変電設備容量を変えれば解消しますが、そのためには何百万円も必要。光ケーブルやエアコンの交換はそれに比べればたいしたことはない。でも、その費用が捻出できない。私が知る限り、五年間空いたままのビルもあります」。

オフィスビルであっても、個人あるいは零細中小の会社が所有している場合には経営計画がなく、定期的な修繕をするわけでもなく、いい加減に運用されているケースが少なくない。家業程度の規模で一棟、二棟程度所有している場合には金融機関から借入を起こしてリニューアルするのも難しい。

さらにその状況で子どもが共有で相続したとなると、手は付けられなくなる。兄弟や親戚間での意見調整に時間がかかり、また誰もが出費を嫌がり、テナントのニーズにマッチした必要なリニューアルができなくなるのである。

オフィスビルを住宅、シェアオフィスに転用する手もあるが、必ずできるというわけではない。特に住宅への転用は難しい。建築物には用途によって規制があるが、オフィスはその規制が比較的緩い。それをより厳しい住宅にするためには採光や避難経路の確保など、いくつものハードルがあるのだ。

だが、オフィスビルについてはもともと徒歩一〇分以上もあるにせよ、比較的立地の良い場所に建てられてきたこともあり、売却するなら好機。二〇一五年時点の不動産好況がどこまで続くかは分からないが、盛り上がっている時点であれば売り抜けることは可能だろう。

第5章

立地に難ありの都市部・一部農村

——公益性優先の活用

この章では、社会に貢献することを第一義とした、公益性重視の活用事例を見ることにしたい。高齢者その他の住宅困窮者や子ども、子育て世帯、地域の人たちなどを対象とする事業が該当する。こうした事業は、周辺に利用する人、必要とする人が一定数いれば成立可能だ。所有者によってはどうせ空き家を使うのなら、長らく住んできた地域に貢献したい、社会に役に立つことに使って欲しいと希望することもあり、きちんとマッチングができれば所有者の意思に沿った活用になる。

ただ、この事業の場合には冒頭の厚生労働省の事業でも分かる通り、収益性優先の事業よりもその土地に合わせた内容であることが重視される。個別性が高く、手間もかかるが、都心以外の空き家活用では経済効率最優先の思考を一度忘れる必要がある。

†福祉的観点から考える厚生労働省モデル事業

収益ではなく、公益性を優先した社会貢献的、福祉的な意味合いでの空き家活用事例を見ていく前に、ひとつ、問題を提起しておきたい。住宅と福祉はなぜ、別物なのかという点である。よく、「福祉は住宅に始まり住宅に終わる」という言葉を聞く。北欧等の福祉先進国では住宅政策は社会保障政策の柱になっているのである。

だが、日本では福祉と住宅は厚生労働省と国土交通省、別々に所管されている。たとえば、高齢者に関していえば、二〇一一年にサービス付き高齢者向け住宅（以下サ高住と略す）の登場の根拠となった高齢者の居住の安定確保に関する法律（高齢者住まい法）でようやく共管する法律ができたものの、平均家賃は六・四万円、共益費・食費やサービスにかかる費用を含めると一三万円～という高額物件になってしまっている。これが高齢者に低廉で安心できる住宅を供給するという当初の目的にふさわしいかどうか。

また、当初サ高住に必要とされたサービスは安否確認、生活相談だが、これだけのサービスで高齢者は本当に安心して暮らせるか。その後の法改正でサービスは拡大傾向にあるようだが、それでもハード、ソフトの両輪と言いながら、ハード先行という印象は否めない。本来はどちらも揃ってこその安心な住まいのはずである。

高齢者に対してだけではない。二〇〇七年に施行された住宅確保用配慮者に対する賃貸住宅の供給の促進に関する法律（住宅セーフティネット法）には地方公共団体と関連する事業者などが居住支援協議会を設立することが掲げられているが、実際にはまだまだ作られていないのが現実。市町村の住宅行政は公営住宅など建物の管理だけであることが多く、居住支援のようなソフト面の検討を求められても住宅セクションでは対応できないのである。一方で福祉行政は基礎自治体が九九％を担っている。担当部署が違うことで、ハードとソフトがぱっきりと別れてしまっており、住宅確保配慮者への施策までは手が回っていないのだ。

†福祉と住宅政策は同根

医療経済研究機構研究主幹（現東北大学大学院法学研究科教授）の白川泰之氏の著書『空き家と生活支援でつくる『地域善隣事業』』（中央法規）は冒頭でこの疑問に答えている。

「我が国においても、住宅政策は、その創成期において、多分に社会保障（社会福祉）的色彩が強いものであったと言うことができる。〔中略〕また、関東大震災後の復興にあたっては、内務省の外郭団体として財団法人同潤会が設立され、応急住宅の建設や東京、横浜における勤労者向け住宅の供給を担ったという経緯もある。

ここで注意すべきは、これらの住宅政策を担った主体が、内務省「社会局」であった点である。言うまでもなく、内務省社会局は、厚生省発足時にその主たる母体となった組織である。〔中略〕

事実、内務省社会局との強いつながりの下で事業を展開していった同潤会は、住宅の建設・供給と併せて福祉事業も実施していた。例えば、猿江裏町における「不良住宅地区改良事業」では、共同住宅の建設・供給だけでなく、病院・診療所、授産場を整備している。これは、対象地区において感染症が蔓延していたこと、居住者に低所得者が多く、自立支援が必要であったことに対応するためであった。このほかにも、コミュニティ形成を支援するために、「善隣館」を設置している」。

建築好きならご存じであろう同潤会はただ、建物だけが建てられたのではなく、そこでの生活をバックアップする施設とともに作られていたのである。

ところが、その後、内務省土木局と戦災復興院との統合による建設院の発足、そして建設省に改称されていくに従い、未分化だった福祉と住宅はそれぞれに異なる省庁が所管することとなり、まったく別物となっていくのである。

この二つの省庁の違いを表すものとして、白川氏は国土交通省が推進するスマートウェルネスシティと厚生労働省の地域包括ケアの図を挙げた。スマートウェルネスシティでは建物や街並みは正確に書かれているものの、人は全く適当である。これに対し、地域包括ケアでは地域はマルで囲ってあるだけでアバウトだが、人は大きく、表情豊かに描かれている。住宅を箱と見た場合、箱に重点を置くか、箱の中身に重点を置くか、そのあたりに違いがあるということだろう。

「どんなに立派な箱を作っても、箱だけ作ればそれでうまく生活できるようになるわけではありません。場合によっては手助けが必要です。また、全国一律の箱を作っても合わない地域があります。ですが、箱からアプローチするとどうしても、そうした時間性、場所性を無視したものになりがち。それに対して福祉の視点はたとえば、住み慣れた場所に住み続けるなど、時間の概念を大事にしますし、地域によって社会的な資源、状況も違うから違うアプローチが必要と考えます」。

それぞれに役割、責任の異なる省庁が自分の担当分野に軸足を置くのは当然だが、だからといって本来切り分けられないものを勝手に切り分けてしまうのはおかしな話である。それぞれの問題を自分の問題の解決に利用する方途を考えられれば、問題解決を加速させることができるのではないだろうか。

†低所得・低資産高齢者の住宅確保

その例が二〇一四年度から国のモデル事業として全国八自治体で開始された「低所得高齢者等住まい・生活支援モデル事業」である。これは二〇一一年度から高齢者住宅財団が研究事業として継続してきた検討結果を受けて行われているもので、ニックネームは「地域善隣事業」。北海道本別町、岩手県雫石町、神奈川県横浜市、神奈川県川崎市、京都府京都市、奈良県天理市、福岡県福岡市、大分県豊後大野市が舞台である。

前述の白川氏の著書によれば善隣事業とは、かつての日本に存在した地域福祉（社会事業）のひとつ。大正末期から昭和初期にかけて増加した生活困窮者の救済、支援に当たった拠点を「善隣館」といい、現在も石川県金沢市では地域福祉の拠点的施設として現存している。意味としては「助け合いの心で近隣の人々と心を通わせ、支えあい、お互いに善き隣人を創っていく」というもので、誰かにやってもらう式の福祉ではない。

これをニックネームにしていることからも分かるように「地域善隣事業」は地域の相互扶助を基盤とし、民間の知恵、活力をベースに展開されるものとされる。具体的には既存の制度の中では対応が困難な低所得、低資産の高齢者に対し、空き家を利用した住宅の確保とその人に必要な生活支援をワンセットで導入することを目的としている。

といっても空き家ありきで始まったわけではなく、増える単身高齢者の住まいを在宅か、施設かと検討した際、大規模建設の時代ではなし、また、鳴り物入りで始まったサ高住の賃料が前述の通り、高止まりしてしまい、ニーズを満たせていないことを考えると、新築ではなく、既存建物の利用が賢明ではないかと空き家に目が向く結果となったそうである。

実際、二〇一四年版高齢社会白書の一人暮らし高齢者数の動向と二〇一三年住宅・土地統計調査の空き家数の推移（全国）を並べてみると、面白いくらい、動向が似ている。また、空き家の内訳を見ると二〇〇八年の住宅・土地調査では破損のない賃貸住宅の空き家が五七六万戸あることになっており、これを活用すれば出費を抑えつつ、ニーズを満たすことができるのではないかと思うのは当然だろう。

ただ、高齢者が空き家を貸してもらうためには障壁がある。収益が上がる物件では提供してもらえないだろうし、大家さんからすれば高齢者の入居には不安がある。三菱総合研究所の「高齢者等の居室内での死亡事故等に対する賃貸人の不安解消に関する調査報告書」（二〇一三年）によると、高齢者の入居には「死亡事故に伴う原状回復や残置物処分等の費用への不安」「居室内での死亡事故発生そのものへの漠然とした不安」「死亡事故後に空室期間が続くことに伴う家賃収入の減少への不安」を抱く人が多いことが挙げられている。こうした不安、面倒を抱えるくらいなら空き家にしておいたほうが良いと考える所有者が少なくないのだ。また、地域によっては賃貸住宅の空き家自体がないことも考えられる。

ただ、最近ではこうした不安を解消するような保険商品が出ているし、定期的な見守りによってそもそもの死亡事故を防ぐなどの考え方もある。賃貸住宅はなくとも、持ち家が空き家になっているようなケースもある。知恵を出し合えば、全く解消できない不安というわけではないのだ。

借りる側からも、住宅だけを用意してもらっても生活は成り立っていかないという問題がある。この事業で対象としている人たちの多くは経済的な困窮のみならず、支えてくれる人間関係に乏しく、また、高齢のため、生活、健康その他のサポートも必要になる。住まいの確保と同時に住まい方の支援が必要になってくるのである。

そこでこの事業では、主体は地域の社会福祉協議会、社会福祉法人、養護老人ホームやNPOではあるものの、そこだけが単独で進めるのではなく、関連する事業者などへの働きかけも行い、連携して取り組めるような仕組みが模索されている。

たとえば、京都府京都市では地域で高齢者施設などの運営を行っている社会福祉法人が見守りなどの生活支援を行うことで、単身高齢者が賃貸住宅の空き家を我が家として確保できるようにすることを目指している。だが、社会福祉法人には空き家の確保、大家さんとの交渉などのノウハウはない。

そのため、実際の住宅の確保に当たっては居住支援協議会に参加している不動産事業者が協力、ソフトである住まい方支援は社会福祉法人、ハードである住まいの支援は不動産事業者が二人三脚で取り組む形となっている。どちらか一方だけががんばっても成功しない仕組みなのである。

ただ、二〇一五年三月に出された同調査研究事業の報告書によればモデル事業への物件登録の状況ははかばかしくはない。全体の数だけではなく、生活保護などを受けている人が払える五万円以下（京都市の住宅扶助基準額は月額四万二五〇〇円）で、昇降に問題がない一階あるいはエレベーターのある物件と高齢者に住みやすい条件を考えていくと、ほとんど選択肢がない状態になってしまうのである。空き家と単身高齢者、余っていると足りないという点ではバランスは良いが、物件で見ていくとニーズには合わない。うまく回り出せば、空き家解決には有効な手段のように思えるが、現時点では大家さんの理解が進んでいないことも含め、まだまだ解決すべき問題は多いというわけだ。

†地域によって取り組みはさまざま

この事業では事業実施地によって取り組む内容が異なっており、その点にも注目したいところ。たとえば大分県豊後大野市では第二の在宅を作ることをテーマとしてこの事業に取り組んでおり、かなりの成果を挙げている。

事業の主体となったのは地元の養護老人ホーム「常楽荘」。同ホームでは以前から一時的な緊急入所等の受け入れを行ってきたものの、施設長には適切な生活支援体制を整えることができれば、養護老人ホームへの入所や介護保険制度に依存せず、在宅で生活ができるのではないか、自立して生活したほうが本人の生きる力を生かすことになるのではないかという思いがあったという。

そこで事業では三軒の空き家（うち、一軒はホームの空室）を用意、介護放棄、虐待案件、在宅復帰に向けて調整中など様々な事情を抱える入居者が生活をしている。入居期間は人によりそれぞれで、短期滞在というケースもある。市には空き家バンクがあったものの、事業に向く空き家がなかったため、利用している住宅はホームが民生委員などの情報から探したもの。生活支援は同ホームの職員が行っている。

この事業では市の高齢者福祉課、地域包括支援センター、自治委員、民生委員、豊後大野市民病院などが関わっており、空き家利用に当たっては地域で運営委員会を作り、地域の人たちにこの事業の意味を理解してもらった上で活用をしている。うち一軒では地域の自治会に参加してほしいとの要望があり、入居者が地域のお祭りに参加するなど、良好な関係が築けている。

豊後大野市の事業では当初用意した二軒の空き家では足りず、ホームの空室を利用しており、住宅の確保、生活の支援とも順調である。そのため、現在はまだ空き家にはなっていないが、いずれ空き家になる可能性が高い家を利用する検討もされている。空き家になってしまってからではなく、空き家になる前から活用できれば改修費もほとんどかからず、無駄がない。

空き家の探し方、今後空き家になりそう家を確保できていることなどから推察するに、豊後大野市では人間関係が密で、情報が入ってきやすい状況があると思われる。そうした地域で、かつ地域の協力を得られれば空き家の発掘、活用は成功に繋がりやすいのではないだろうか。

実際、この事業を研究してきた白川氏は事業成功への大事なポイントとして「人と人を繋ぎ合わせること」を挙げている。「異業種が組まなければいけない事業でもあり、見ていると人と人とが会うことで変化が加速することが多い。化学反応が起きるんですね。私自身、繋がれば良いのにと思う人同士を繋げるお手伝いなどしていますが、そうしたセクター同士をクロスさせる役割もこれからは必要でしょう」。

†人間関係が活用への近道

ここまでに何度か、情報のマッチングが課題であると書いてきた。ネットワークが重要とも書いた。これはつまり、こういうことである。問題解決にはマスの何かではなく、個人同士の出会い、情報交換が役に立つケースが多いのである。地味で遅々としてしか進まないが、人間関係ができ、情報が回り始めれば、解決は進むようになるはず。まずはそうした下地を作ることが空き家活用への道といえるかもしれない。

もうひとつ、きっかけは空き家問題解決、高齢者支援という形で始まったとしても、ひとつの問題に地域の幅広い人間が顔を合わせることは地域のためにもなる。他に問題が起こった場合にも、あるいは祭りを行うにしても、全く知らない同士が集まるより知っている同士が話し合いをするほうが問題は解決しやすくなるし、祭りは楽しくなる。そう考えると、空き家解決に地域が知恵を出し合うことは地域を変えることにもなりうるわけだ。

ちなみに国土交通省でも空き家を高齢者、障害者、子育て世帯向けの賃貸住宅として活用することを支援する事業を行っている。これは「住宅確保要配慮者あんしん居住推進事業」と呼ばれる事業で床面積が原則二五㎡以上の住宅を一定の所得以下の高齢者、障害者、子育て世帯が入居することを要件に改修工事に助成を行うというもの。バリアフリー化や耐震改修、賃貸住宅へ用途変更する工事の費用については補助率三分の一、一戸当たり五〇万円を上限に助成、他用途から賃貸に変更する際の助成上限額は一戸当たり一〇〇万円である。

ただ、これについては事前に改修してから貸す仕組みになっているため、入居したい人のニーズにあった改修になっているかどうかが分からない、住宅だけを供給しても生活が成り立たない場合があるなどの問題点が指摘されている。現状では効果が検証されているとはいえない状況でもあり、せっかく助成をするのであれば地域、住む人その他個別のニーズに合わせられるものにしていっていただきたいものである。

†不動産会社主体で精神障がい者等に住宅を斡旋：岡山

前項でモデル事業として行われている住まいの確保と住まい方の支援を、精神障がい者、刑余者、高齢者、ホームレスなどの住宅困窮者向けに、民間が主体となって進めている例がある。中心となっているのは岡山県岡山市の不動産会社阪井土地開発の阪井ひとみ氏である。

阪井氏が障がい者向けの住宅に係ることになったのは一九年前にある入居者がアルコール依存症になり、その面倒を見たことから。退院後の住まいを斡旋してほしいと頼まれ、阪井氏はそれまで知らなかった精神障がい者などの置かれていた状況を知る。

日本では住所がなければ、住民票は取得できず、年金も受け取れないし、仕事をすることも難しい。だが、長期入院している人やホームレスには住所がない。そのため、なんとかして入居できた場合にはどんなに劣悪な環境でも我慢せざるを得ない。また、賃貸住宅に入った後、体調が悪くなっても入院を拒むようになる。生活保護を受給している場合、入院しても六カ月間は家賃補助が出るにもかかわらず、大家さんはそれを知らず、すぐに契約を解除、家財道具一式を処分してしまう。すると、退院して戻ってきても家財道具はなく、生活保護費から買い直すのも難しい。そうした事態を避けるため、入院を拒むわけだが、その間に病状はどんどん悪くなる。悪循環の始まりである。

そうした事態を知った阪井さんは部屋の確保と同時に生活を支援するネットワーク作りを始める。医療関係者や民生委員、保護司、ケースワーカー、ヘルパー、後見人、弁護士、時には近所のスーパーやコンビニエンスストアの店長などが加わることもあり、現在、その部分はNPO法人おかやま入居支援センターが担っている。

そうした人間関係で入居者の様子を見守り、変化があった場合には適切な措置を取るため、現在までの四〇〇人以上の入居者のうちで、室内の事故や孤立死などは皆無。評判を聞いて県外から岡山で部屋を探したいと来た人も五〇人以上いるそうだ。

この活動、元々は空き家問題とは関係なく始まっているが、阪井氏はこの方法を進展することが不動産業界に新しいチャンスを呼び込むと考えている。というのは退院したくても家がないために退院できない、いわゆる社会的入院をしている人たちが社会で生活できるようにしたら、そこに住宅のニーズが生まれるからである。

阪井氏によると、現在社会的入院をしていると思われる人は全国で二〇万人。それだけの数の住宅を用意する必要があるとすれば、中には当然、空き家活用もあるだろう。高齢者のケースでもそうだが、家に帰れない人を帰れるようにするだけで住宅ニーズは増える。病院から出ることで医療費や介護保険料が節約できる。本人もうれしい。前項同様地道な取り組みではあるが、確実に一石三鳥くらいの力はあると言えそうだ。

†社会貢献の拠点にとモデル事業推進：世田谷区

最初から社会貢献を謳って空き家解決の方途をモデル事業を通じて探ってきたのが世田谷区である。前述したように世田谷区では二〇一三年度から区内の空き家等を社会の資産として活用すべく、空き家を社会貢献的な事業に活用するモデル事業に助成金を出したり、活用してもらいたいという空き家を募集している。都内でも人気の街、世田谷区でも約五万二〇〇〇戸の空き家、空室が存在するのである。

一方で世田谷区は区内で活動する市民団体やNPO等の団体が多く、活動拠点を欲しがっている団体も少なくない。大家さんとしても社会貢献という意義があるのであれば、貸してもいいと思うだろう。

同モデル事業は二〇一三年度、二〇一四年度と二回行われており、計五団体がモデル事業に選ばれている。どのように使われているかを簡単に説明しよう。

初年度に選ばれたシェア奥沢は自由が丘にもほど近い立地で、一帯は大正末期から昭和にかけて海軍の将校住宅が集まっていた場所である。採択されたのはそこに残された当時の住宅三軒のうち一軒で、所有者が三世代に渡って継承してきた住宅である。

地域の交流団体が活動する場所探しに毎回奔走していることや、公共施設では利用について厳しいルールがあって使い勝手が悪いなどのことを知った所有者が、長年手付かずだった空き家を活用することを思いつき、二〇一三年七月にプレオープン、試験運用をしてきた。整備は利用者自身が参加して行われ、報酬は地域通貨で支払われるなど仕組みもユニークで、複数の登録団体がイベントその他で利用するほか、コワーキングスペースとしても使われている。地域に開かれた空間と呼ぶにふさわしい活用である。

同じく初年度に選ばれ、この章で紹介するのにもっともふさわしい活用が行われているのが大蔵にある木造アパートをデイサービス、認知症カフェなど多目的な空間にリノベーションしたＡＮＤＩＴＯ＋大蔵プロジェクト（当時の名称。現在はタガヤセ大蔵）。

所有者の安藤勝信氏は経堂にもイタリア風と人気の賃貸住宅を所有しており、大蔵のアパートも適宜リノベーションは施されていた。だが、人気物件を生み出すセンスも立地の難にはかなわない。空室が出始めてから二年で六戸のうち、四戸が空いた。地域にもよるが、住戸の半分が空くとそれを埋めるのは難しくなる。空室が目立ち過ぎ、そこに住むのをためらう人が出てくるからだ。まして、大蔵の物件は最寄り駅から徒歩二五分の築三〇年である。

そこで現在入居している部屋はそのままにしておくとして、それ以外の住戸は一般的な賃貸住宅として貸すことを止め、デイサービスを中心に認知症カフェなど多目的に多世代が利用できる寄合所のような、多目的な施設を作ることになった。周囲には高齢化が進んだ団地などもあり、利用者は確実にいると踏んだ。

この施設転用を可能にしたのは、安藤氏が駐車場の賃貸を通じて地元で福祉施設を運営する社会福祉法人大三島育徳会をビジネスパートナーにできたためである。福祉施設経営にはノウハウに加え、人材も必要である。加えて、大三島育徳会ではもっと地域、社会に貢献できる仕事をしたいと考えており、その拠点を探していた。両者のニーズが合致したのだ。

安藤氏からすると確実に借りてくれる人が見つかったわけで、普通だったら以前と同じ賃料を取れる！と思うだろう。だが、私はここがポイントだと思うが、安藤氏は従前よりも安い賃料で貸すことを決めた。欲張って相手の経営が苦しくなる額を提示するより、無理なく続けられる額にすることで、長く借りてもらう、そのほうが長い目で見れば得だというのである。

空き家活用でうまく行かなかったケースを聞くと、かなりの割合でお金が絡んでいる。特に三大都市圏のような場所では、多少立地に難があっても、貸せると思った途端にそれまで貸せるかどうかを悩んでいたことを忘れたかのように多額の賃料を妄想する人が少なくない。ＤＩＹ型賃貸でも、入居者が自己負担でリノベーションしてくれるということを忘れて、賃料は他と同額取ろうとする人もいる。

人は自分が支払う時には少なく、もらう時には多くと願うものだが、残念ながら空き家の場合、それは得策ではない。どんな場合でも、一方が極端に勝ちすぎる関係は長くは続かないし、空き家はできるだけ長く借りてもらうほうがリスクが軽減される。双方良い関係でいけるような額を設定する知恵が空き家を貸す側には必要だろう。

初年度に選ばれたもう一団体は死別や離別、紛争や自然災害による被災、いじめや差別その他に起因する悲しみ、辛さ（グリーフ）を考えること、語り合うこと、学ぶことなどを通じてケアしていこうという活動をしているグリーフサポートせたがや。世田谷区の指定した物件を改装、利用することになったが、審査会では活動の継続性への不安が何度も提議された。

同じ社会貢献的活動でもデイサービスなどのように収益源が明確なものであれば、空き家を貸すほうも、借りるほうも安心だ。多くはないにしても賃料収入は安定的に入るだろうし、退去時に造作云々で揉める可能性は減る。

だが、寄付や活動している人たちの持ち出しなどで支えられているような脆弱な財政基盤しか持たないＮＰＯなどの場合、貸す側は経済的な不安を抱く。借りる側にもどこかで社会貢献なんだから、安くしてほしいという甘えが出ないとはいえない。空き家活用に限ったことではないが、社会貢献は善意だけでは続かない。自治体がこうした団体による空き家活用を検討するのであれば、その点のサポートについても考慮していくことが大事だろう。

二年目に採択されたのは障害を持つ未就学児が親子で安心して過ごせる地域の居場所づくりに取り組むNPO法人にじのこ、障害を持つ子どもたちの放課後の居場所づくりを行う一般社団法人凸凹 Kids すぺいす♪の二団体。この二団体は似たような活動を行っており、交流があった。そのため、誘い合っての応募だったようで、初年度に比べるとバリエーションの豊富さには欠ける。利用する側からの空き家を使いたいという気運の盛り上がりにも期待したいところである。

ちなみに東京二三区では世田谷区に続き、大田区が二〇一四年一二月に大田区空き家活用情報ホームページを開設、空き家等を公益的に利用してほしい人と空き家等を活動の拠点や場所として利用したい人をマッチングする事業をスタートさせている。物件情報、利用したい団体情報は少しずつ掲載されているようだが、まだマッチングにまでは至っていない。

†独自の活用を模索する自治体も：新潟市、高崎市、京都市、前橋市

首都圏以外でも空き家活用に取り組む施策を打ち出している自治体がある。たとえば新潟県新潟市はリフォーム後の空き家の活用を「福祉活動」「住み替え」「文化活動」の三つに絞り、これらの用途で利用する場合にはリフォーム費用の一部を助成している。

このうち「福祉活動」は地域のお茶の間的な場作りやシェアハウスなど高齢者向き共同居住住宅、障がい者グループホームなど共同生活援助を意味し、「文化活動」は市が進めている漫画家志望者向けシェアハウス、「住み替え」は子育て世帯、高齢世帯、障がい者世帯、マンション居住などを対象としてる。金額は「福祉活動」「文化活動」がそれぞれ一〇〇万円などとなっており、耐震改修を行う場合にはプラス一〇〇万円である。

活用だけでなく、総合的な空き家対策事業を打ち出しているのが群馬県高崎市。空き家のままで管理する、解体する、活用するの三段階それぞれに助成金を出しているのだ。そのうち、活用では「サロンとして」「住居として」の二種類が用意されている。

「サロンとして」の活用では、自治会や町内会等の地域社会の活性化を図る場、高齢者同士や小さな子どもを持つ家族の交流の場として使われることが想定されており、改修する場合、改修されたサロンを借りる場合それぞれに助成がある。改修の場合の助成金の上限

は五〇〇万円、借りる場合には月額上限で五万円だ。

「住居として」の活用には改修する場合、借りる場合に助成が出る。改修する場合では空き家を居住目的で購入して改修する、居住目的で賃貸して改修するケースが想定されている。借りるケースは人口減少地域の定住促進の意味合いがあり、倉渕、榛名、吉井と地域が限定される。助成額は改修で上限二五〇万円、家賃で月額上限で二万円である。

市のこうした積極的な取り組みのせいか、高崎市内では空き家の活用事例も多い。たとえば以前は染物屋だった店舗を利用して二〇一一年にオープンしたのがMOTOKONYA（モトコンヤ）。体験型の講座を開催しているジョウモウ大学が拠点として利用してきた。カフェや畳の部屋のようなスペースの他に、これから店を持ちたいという人が安価にお試し出店ができるチャレンジショップとしても利用され、ここを契機に起業した人も少なくない。

一時の閉鎖を経て二〇一五年七月からは新しく店や事業を始めたい人を応援する体制を強化して再オープンしており、空き家が新規事業のインキュベーションセンターとして機能していることが分かる。迷惑な存在だった空き家が街を元気づけるビジネス、人材を生んでいるわけで、こうした活用ができれば空き家はマイナスではない。

あるいは高崎経済大学の学生たちがキャンパスの向かいにある、二〇年あまり空き家になっていた築一〇〇年ほどの木造二階建ての養蚕農家の住宅を自分たちで改修して作った0号館は学生と社会人、地域の人の交流を目指す場である。高崎駅近くの空き家を利用してオープンしたタカサキチは子育てイベントや子育てママの交流などを通じてママの笑顔を応援するプロジェクト「ママプロぐんま」の拠点。子育てサロンとして、働き続けたいママの就労支援としてのテレワークの現場として使われている。倉賀野地区では築四〇年ほどの民家がコミュニティセンターとして再生されており、地域の交流の場となっている。

京都府京都市でも「活用・流通促進」「特定目的での活用支援」といった二方向からの空き家の活用に助成を行っている。「活用・流通促進」については一年以上、居住者または利用者がなく、賃貸用または売却用でない空き家を活用または流通させようとする場合に改修工事や家財撤去にかかる費用の一部を補助するもので、ごく一般的だが、もう一方の「特定目的での活用支援」が京都ならでは。

具体的には、

1、地域の居場所づくり（高齢者の居場所、町内会の活動拠点、多世代交流の場、観光客との交流の場、子育て世代の情報交換の場等）

2、中山間地等に移住する者の住まい

3、若手芸術家の居住・制作・発表の場づくり

4、京都版トキワ荘事業
5、大学、短期大学、大学院の学生の住まい
6、京町家のゲストハウス
7、広域型商業集積地域における集客力向上に資する用途（小売業、飲食業等）での活用
8、留学生または外国人研究者の住まい
9、住宅確保要配慮者の住まい

などとなっており、公益性が認められれば、以上の類型に合致していなくても良いとなっている。かなり柔軟なのだ。

このうち、若手芸術家支援、京都版トキワ荘事業、京町屋のゲストハウス、留学生または外国人研究者の住まいなどはこの土地らしさがあり、面白い。金太郎飴的な、どこにでもある施策ではなく、その土地の個性を生かした活用ができれば、空き家は街作りの核となりうる。行政の独自性に期待したいところだ。

ちなみに京都は早くから空き家のうち、町屋の活用は進んでおり、リノベーションして住宅として再生するのはもちろん、シェアハウス、ゲストハウス、旅館、レストランなどに使われている。京都のみならず、奈良、金沢、松本などの歴史ある街では活用例も多い。建物に魅力があれば残しやすいということだろう。

空き家を改修する際に子どもが親の家の一キロ以内に住む、二世代同居をする場合には上乗せした助成をすることで空き家問題と同時に人口対策にもなる施策を講じているのは群馬県前橋市。改修する場合、取り壊して建替えたりする場合の通常の助成金は一〇〇万円だが、近居、二世代同居の場合には二〇万円がプラスされる。

さらに改修するのが市外からの転入者なら家族四人まで一人につき二〇万円を支給、中学生以下の子どもがいる世帯なら、該当する年齢の子ども四人まで一人あたり一〇万円を助成する。夫婦がともに三九歳以下なら夫婦で計一〇万円である。と、その他の助成金も含め積み上げていくと、一世帯で最大三〇〇万円にもなる。大盤振る舞いだが、ここまで多額になると財政負担も心配になる。

第6章

農村・地方都市

――行政主体、社会性優先の活用

空き家が生まれる、人が減ることが問題になる地域では人を呼び戻す戦略が必要になる。中心となっているのは空き家バンクだが、数ある自治体の空き家バンクで成功している例はそれほど多くはない。

ここでは行政主体で成功している島根県雲南市、民間の、様々な人が集まるNPOが行政とも協力することで成果を上げている広島県尾道市の例を中心に取り上げる。また、首都圏の空き家バンクや行政と不動産業との連携、仕事や観光をフックに人を呼び込んでいる街の例なども紹介していく。

こうした地域での空き家活用はイコール街おこしでもあり、空き家を財産として再生できるかどうかは地域の将来をも左右する。ひとつの建物を旧来通りの視点で見るか、それを疑い、異なる視点で見るか。成否が分かれるところだ。

†デザインと愛情が成功の要因　広島県尾道市

人が減ることが問題になる地域の多くは空き家バンクを作って人を呼び込もうとしている。大体の場合、行政が主体だが、第3章でもデータから解説したように、空き家バンクは作ってみたものの、うまく機能していないという例はうんざりするほど多い。

現在では移住相談会を開くと募集戸数の一〇倍以上の人が集まり、成功例のお手本とされる広島県尾道市の空き家バンクも二〇〇二年の設立以来、市役所主体でやっていた時期は多少の成果は上げたものの、実際には二〇〇九年までは開店休業状態だった。

それが動き始めたのはNPO法人尾道空き家再生プロジェクトが市から営業を受託して以降。民間の力が空き家を動かしたのだ。というよりも、一人の女性の建物と生まれ育った町への思いが動かしたのである。経緯を長らく、同プロジェクトに参画してきた建築家の渡邉義孝氏に聞いた。

発端は二〇〇七年。同NPOの代表である豊田雅子氏が二〇一三年に国の有形文化財に登録されることになる異形の建築、通称ガウディハウスを手に入れたことに始まる。豊田氏は尾道生まれで、大学を卒業後、旅行会社の添乗員として海外を訪れ、様々な街を見て歩く。その中に尾道同様斜面の街で観光地として有名なイタリアのアマルフィがあった。

どうしてこの街には豊かな時間が流れ、多くの人が訪れてお金を落としていくのか。そしてどうして、自分の郷里尾道はそうではなく、空き家が増えていくだけなのか。

尾道は大林宣彦監督の映画の舞台としても知られる観光の街で、瀬戸内海に面して細長く市街地が延び、山陽本線を挟んで山側には寺社、住宅が密集する。急傾斜地に密集する住宅は独特の景観を作っており、また、坂を上ったところから眺める瀬戸内海の眺望は素晴らしいのだが、なにせ、階段が多い。車が入れない上に階段である。市の二〇〇八年の調査では千光寺山、西光寺山、浄土寺山の南斜面では二二一三軒の住宅のうち、一割超が空き家で、かつ六五歳以上の割合は四二・一％にも及んでいた。豊田氏が嘆くのも無理のない、虫食い状態になっていたのである。

疑問を抱いて退職、尾道に戻ってきた豊田氏はガウディハウスを手に入れる。といっても活用のめどがあったわけではない。購入後、豊田氏は渡邉氏に実測調査を依頼する。渡邉氏は一九九四年から年に一度、おのみち旅大学で講師をしており、尾道に縁はあったが、豊田氏とは依頼前に一度会ったきりだ。

ところが、それがきっかけとなり、渡邉氏は豊田氏と一緒に尾道の空き家再生に関わっていくことになる。渡邉氏だけでなく、現在、同ＮＰＯに関わっている建築家三人も尾道居住ではなく、他の街から尾道に通い、再生を手伝っている。豊田氏の熱意に動かされたのである。

また、尾道という街自体にも魅力があるという。

「明治二四年まで山陽本線を挟んで山側は寺があるだけで、普通の人は住んではいけない土地でした。ところが鉄道を通すために立ち退きがあり、その人たちが斜面地に住むことに。そのため、寺の借地が多いのが特徴です。空襲を受けていないので、古い建物が残っており、二キロ四方の中心市街地に擬洋風、茶園《さえん》と呼ばれるお屋敷、バラック風と各時代の建物が集中しており、箱庭的。特に擬洋風の住宅が密集するエリアは圧巻です」。

尾道の空き家を何とかしたいという熱意で一同はガウディハウスの再生、空き家悉皆調査、尾道空き家談議、尾道建築塾などのイベントなど、様々な活動を開始。それが徐々に人を呼び、尾道に住みたい人を集めることに繋がっていく。

†空き家より多い移住希望者

二〇〇八年にはNPOになり、二〇〇九年には市から空き家バンクの仕事を受託。同年には子連れママの井戸端サロンとして昭和三〇年代に建てられた洋品店を一年かけて再生した北村洋品店がオープンしている。ここはNPOの本拠地としても利用されている。また、同時期には市街地中心部の三軒家アパートメントを再生、二〇一二年には一年半をかけてゲストハウスあなごのねどこをオープンさせる。二〇一四年には尾道移住体験を描いた漫画家つるけんたろう氏の『0円で空き家をもらって東京脱出!』なる書籍も発売……。

再生した空き家はすでに一〇軒余にも及んでおり、空き家バンク登録者は七〇〇人超、移住してきた人も七〇人を超す。NPOでは空き家情報だけでなく、使える空き家かどうかを目利きしてくれ、再生時には道具だけでなく、知恵、労力面でも手助けをしてくれるため、情報しか提供されない空き家バンクに比べ、決断しやすいのである。

ただ、人気が出てしまった分、空き家が足りないという状況もある。坂道エリアの住宅では仏壇その他の残置物を処分するのが大変という理由から空き家バンクに載ってこない例も多い。ゴミだらけの家を見せたくない上に、人力でゴミを処分するだけで高いと一〇〇万円になることも。解体するとなると、さらに二五〇万円～、多い場合には五〇〇万円からの費用がかかる。その他、共有で相続したものの所有者間で合意できない、所有者が分からないなどなど、これだけ成功し、市がバックについているという信頼があっても、空き家情報収集は難しいのだ。

空き家を利用した移住には仕事の問題も大きい。尾道の場合には再生したあなごのねどこが雇用も生み出しており、目下一五人も雇っているのだとか。うち、専業で働いている人も二人おり、空き家再生が人を呼び込み、仕事を作っているのだ。つまり、空き家を再生、活用することで地域に仕事が生まれ、経済が活性化、それが地域の魅力をアップさせることにも繋がるという循環が生まれているというわけである。

この尾道での成功の要因としては面倒見の良いNPOに加え、様々なイベント、取り組みがあるため、参加しやすいこと、豊田氏がうまく必要な人たちを巻き込んでいることなど、いくつも挙げられるが、行政に足りていないものとして渡邉氏が挙げてくれたのは愛情とデザインである。

「豊田さんは建物が好きで好きでたまらない人で、どんなにボロな建物にも素敵な部分を見つけてほめる。これを何とかしなくちゃと愛情を込める。空き家は宝の山と信じていてこれが周囲に伝播するのです。でも、役所の仕事にそこまでの愛情があるかというと微妙なのではないでしょうか。

また、彼女はデザインをとても大事にしています。デザインの無いモノが世に出たら、若い人はそっぽを向く。だからと金額は少なくても、どんなチラシでも、デザインはプロに依頼して作ってもらう。そのあたりも役所にはないところでしょう」。

愛情については分かりやすいが、デザインについては「？」と思うかもしれない。デザインは見た目と解されていることも多いが、本来は意図、意思などを明確に伝えるための情報発信のひとつの手段。伝える努力という言い方もできるだろう。イベントであれば、楽しそうだと興味を持ってもらい、参加する気分になってもらうためのものであり、一般にお役所はそうしたソフトの努力を軽視しがちである。せっかく、多額の税金を投入して開いたイベントが閑散としている例などはデザイン欠如であることが多い。

ちなみにもうひとつ、人口を呼び込めている街にはいくつか共通する土地柄がある。

「尾道には大学があり、美術の学科があります。そこに若い人たちが集まり、散ずるためか、街に以前から人の流入、移動があり、停滞していません。もともと瀬戸内海の海運で繁栄してきた街ですから、人の移動が常態。変化に柔軟で新しいもの好きなんです。それが移住する人たちに住みやすい要因かもしれませんね」。

†アートは街を再生する

面白いことに美術は海外でも街の再生に寄与している。二〇一五年に出版された『リノベーションの新潮流』（松永安光、漆原弘著。学芸出版社）はリノベーションによる街の再生事例を集めた一冊だが、ここで紹介されている事例の中にはアート、芸術大学をキーとしているものが少なくない。

たとえばイギリス、キングス・クロス駅北側の倉庫、操車場エリアの開発では元倉庫、集配所だった建物がリノベーションされているが、ここにはオフィス、レストランのほかにロンドン芸術大学のキャンパスがある。ロンドン市内にあった六つの国立芸術カレッジを統合したもので、ファッションデザインの分野では世界でも屈指の名門校だとか。

開発では古い建物を生かした上で、環境共生型で創造的な環境を作り出すことが重視されたが、その雰囲気が評価され、グーグルがヨーロッパ本部をこの地に置くことを決定。建設が進んでいる。かつては麻薬、性犯罪のメッカとされ、問題のある地域とされたエリアが大きく変わったのである。

同じくイギリス、ロンドン東部のショアディッチのホクストン・スクエアも地元の不動産会社が放置されていた建物をアーティストのスタジオとしてリノベーション、貸し出したことで街の雰囲気が変わり、変化した。自由で創造的な雰囲気に惹かれて若い人たちが集まり、店やスタジオ、オフィス、ギャラリーなどが集まり出したのである。結果、現在ではロンドンの現代アートの中心地と目されるまでになっている。

同書ではその他、パリの北駅裏の巨大葬儀場をアートセンターにした例、アムステルダムの元チューインガム工場をオフィスなどにした例などが挙げられており、「クリエイティビティが経済を牽引するというリチャード・フロリダの所説がまさに実証された事例である」とも。洋の東西を問わず、若い人、特にアーティストには何かを変える力があるということだろう。

もちろん、変化が起こりやすい街もあれば、停滞したまま、変化を受け入れたがらない街もある。具体的な地名を出すのは憚られるが、尾道周辺でも変わろうとしない地域はあると渡邉氏。これは広島県に限らず、どの地域でもあることで、首都圏近郊のように比較的人の移動が激しいエリアでも、変化を好まない人たちが多い街は存在する。空き家問題や地域活性化のように、よそ者が入って来なければ動かない事業にその存在がどう作用するかは言うまでもない。

上／尾道の擬洋館が集中するエリア、下／ゲストハウスあなごのねどこ

†きめ細かな情報提供、農地付き住宅で定住促進：島根県雲南市

行政主体の事業でも成果を挙げている例はある。ここでは島根県雲南市をご紹介しよう。

雲南市は松江市と出雲市に隣接する人口およそ四万人の山あいの街で、二〇〇四年に大東町、加茂町、木次町、三刀屋町、吉田村、掛合町の六つの街が合併して誕生した。何もしなければ人口は減少していく地域であり、市の誕生直後すぐの平成一七年から定住促進に力を入れてきた。その結果、この一〇年間で一六六世帯、三九八人の移住者を招きいれ、また、市内転居を含めると二七五世帯、七〇五人を定住に結びつけた実績があり、人口規模で考えれば一定の成果を挙げてきたといえる。

その雲南市の定住施策には三つの柱がある。ひとつは三人の定住推進員・定住企画員制度。三人の定住推進員が専属で定住相談をワンストップにて受ける窓口として空き家などの居住情報のほか、就業、就農支援、定住後の生活サポートなどを受け持つ。誰が担当するのかを明確にし、素早く、きめ細かな対応が移住者には安心だったと評価されている。

また、二〇一五年度からは、二人の定住企画員も配置された。この人たちの業務は雲南に市の産業振興、地域の教育や福祉や街作りに寄与してもらえそうな人材の定住促進と積極的勧誘とされており、定住フェア、ブログやSNSなどでの情報発信、お試し移住プロ

グラムの運営などに携わる。専属職員のいない自治体に比べると、本気度が違うわけだ。

二つめの柱は空き家の活用。前述の二七五世帯のうち、二二九世帯は空き家バンク制度を利用して移住、定住しており、人口対策と空き家対策は両輪となって進行していることが分かる。

ただ、それでも空き家物件の老朽化、空き家物件の不足、ニーズの多様化などは課題とされている。その問題に対処するため、老朽化については、移住者向けに補助率二分の一、上限五〇万円の改修助成金が出ることになっており、これで水回りの改修を行う人が多い。二〇一五年度からは空き家の片付けにも助成金が出ることになり、こちらは補助率二分の一、上限五万円だ。

†農地と空き家をセットに

もうひとつ、雲南市オリジナルの施策がある。それが「農地付きの空き家制度」である。自由に土地の売買ができる日本にあって、唯一規制が厳しいのは農地である。農業者でなければ農地の権利を取得できないのである。

だが、雲南市では二〇一二年に農地の所有権等権利を取得する際の下限面積を区域（各町）により二〇アールないし三〇アールに見直した。また、下限面積（別段面積）の見直しにあわせ、遊休農地と空き家をセットで売買する場合、特例で取得面積の下限をさらに引き下げ、一アールに設定した。

言葉で書くと簡単だが、実はこれ、非常に大変なことである。空き家対策、移住促進を担当する部署と農地を管轄する部署は異なるからで、当然、法律も違う。地域を良くしたいという意味での目標は同じだとしても、具体的にやるべきことは異なる。異なる部署の協業は縦割り社会では希少なのだ。

だが、これができればかなりの地域で問題の解決はしやすくなる。たとえば、首都圏では高齢者、ファミリーを中心に市民農園へのニーズが高い。都心では高額な民間の農園が成り立っているほどで、自治体が募集する市民農園はどこの自治体でも数倍以上の倍率になる。

その一方で東京二三区内でも放棄に近い形になっている農地が少なくない。また、農地を多く保有している農家はその近くでアパート経営をしているケースも多い。つまり、近しい場所で農地と住宅が空いているのである。であれば、市民農園を作り、そこに作業をしに来る人たち向けにアパートを改装し、休憩したり、場合によっては宿泊できる施設を作れば、二つの空きが解消される。素人である私はそう思うが、残念ながら、担当部署が別々であれば、考えも違う。担当の仕事だけでも忙しいのに、他の部署の面倒まで見てられるかという考えもあろう。かくして部署が異なる協業は進まない。それを実現できたという点で、雲南市の取組みは高く評価されるべきなのである。

実際の農地の広さは家庭菜園から兼業なら農業もあり得るくらいまで様々。平成二四年以降今までに七軒が売買され、現在のストックは一二軒。取引は売買のみで、田んぼ、畑、その両方があるものなど価格的にもいろいろあるそうだ。ちなみに空き家自体では三〇軒のストックがあり、こちらは賃貸も売買も可能で、賃料は一万円くらいから。ただし、トイレが水洗だと賃料は三万円〜になるそうだ。

こうした取組み以外でも前述の就農・就業支援に加え、無料の職業紹介所を設置、地域の受け入れ気運醸成のため、地域に定住協力員を配置するなど様々な事業を展開するほか、不動産事業者など関係ある団体との連携も行っている。生活全般をカバー、安心して移住してきてもらいたいという意図が分かるというものだ。

「他自治体の取組みも参考にしてできる取組みをやってきている」（雲南市政策企画部うんなん暮らし推進課・奥田清氏）というが、他の自治体の例を見ても、それを実践できない例が多いのが実情ではないだろうか。

また、雲南市の定住情報サイト「ほっこり雲南」は、ここに行ってみたいと思わせるようなデザインになっており、お役所のホームページ然としたところがない。ここでもデザインの良さが他に勝っているのである。

このほか、空き家バンクの成功例として一般社団法人移住・交流推進機構はニッポン移住・交流ナビの中で岩手県遠野市、茨城県県北エリア、山梨県山梨市、島根県江津市などを挙げており、独自の施策を掲げる自治体も増えている。特に最近はお試し居住などと称した短期滞在ができる自治体が増えており、街の雰囲気をある程度知ってからの移住が可能になっている。

†首都圏にも空き家バンク

首都圏の一都三県でも空き家バンクを作っている自治体があり、神奈川県では小田原市、埼玉県では秩父市、宮代町など。千葉県はかなり数が多く、しかも、海辺の街ではマリンスポーツ好きが移住、あるいは多拠点、二拠点居住で移り住んでいる。移住だけではなく、地域で観光、スポーツなどを中心に起業している例などもあり、この傾向は今後も続きそうだ。自治体としては佐倉市、館山市、勝浦市、南房総市、いすみ市、市原市、匝瑳市、睦沢町、大多喜町などである。

国としても総務省が二〇一五年三月に全国移住ナビを立ち上げ、JR東京駅前に地方移住を希望する人の相談窓口移住・交流情報ガーデンを新設するなど、地方移住への後押しを強めている。国土交通省も空き家特措法の基本指針に空き家等対策計画を定める協議会の設立や、空き家の活用・除却についてのノウハウ提供などに関して「宅建業者などと連携して対応する」旨が書き込まれたことを受け、自治体と宅建業者とのマッチングを促進するとしている。二〇一五年度内には実態の調査・検討を経て、両者の協定に向けたガイドラインや協定書のひな形、成功している地域を集めた事例集などを作る予定とのこと。行政と民間の連携が進めば、成果も上がりやすくなるかもしれない。

また、空き家バンクとは異なるが、元々は人口減少地域でありながら、人を呼び込むことに成功している自治体もある。パターンとしては二種類あり、ひとつは仕事を生み出すことに成功したというもの。代表的な例としては林業をフックに村の産品を産業に育てた岡山県西粟倉村、海産物、隠岐牛など次々に産業を作り出してきた島根県海士町など。

もうひとつは観光を武器に空き家を活用し、集落を変え、産業を生み出し、人を呼び込んでいる例。集落丸ごとを宿泊施設に変えた兵庫県篠山市の集落丸山、近年移住者が増加、出生数も増えている長崎県北松浦郡小値賀町などである。小値賀町の場合には農業、漁業もあり、豊かな暮らしができると人気だ。

移住した人の話では、移住前に心配していたほど仕事がないわけではなく、年収が減っても暮らし自体は豊かになるという声が多く、仕事の有無はそれほど問題ではないという言い方もある。だが、移住して長く住むことを考えれば、仕事を生み出す力のある地域を選びたいと思うのではなかろうか。その意味では移住者を呼び込むのは住宅だけの問題ではなく、非常に重い仕事なのだろうと思う。

コラム　隠れた空き家問題②別荘

——アクセス良好、通年利用なら生き残り可

バブル期には不動産投資に加えて、別荘もブームになった。当然、それらの建物のうちには空き家になっているものも多い。だが、別荘を扱うサイトを運営する別荘リゾート-net の唐品知浩氏によると、問題が顕在化するのはこれからだという。

「バブル期に別荘を購入した四〇代、五〇代は現在七〇代、八〇代。本人が亡くなって妻が相続した場合には、とりあえず処分せず、持ち続けるケースが多いので、今後問題になるとしたら、子どもたちへの二次相続が発生する五～一〇年後。迎賓館的な意味だったり、税金対策、見栄などで購入した人も多いので、あまり使われないまま、物置になっている物件が少なくないため、処分が面倒、売れないなど負のスパイラル

に陥る可能性があります」。

幸い、ニーズとしては一時期よりは増えている。最近では若年層でも二拠点居住、多拠点居住を実践、複数の土地に住居を所有あるいは賃貸している人も出ており、別荘市場も動き出している。

「以前とは違い、実際に使うために欲しいという人が多く、価格的には一五〇〇万円以下、三〇〇〇万円から一億円超と言った高額帯と二極化が進んでいます。今は新築での供給が少ないので必然、中古が流通しています。

場所としては都心からのアクセスの良いところが売れており、かつ温暖ということで伊豆、房総が人気です。一時は寂びれていましたが、熱海もこのところはよくアクセスされています。軽井沢は新幹線で行けるので、駅周辺が特に人気ですが、北軽井沢で駅から車で三〇分、一時間というところは冬が大変と敬遠されがち。八ヶ岳も駅あるいはＩＣから近く、標高が低いところは人気ですが、それ以外の場所は難しいですね。いわゆる避暑地では那須など、冬にも利用できる温泉があるところは動いています。逆に難しいのは白馬や野尻湖など。都心からのアクセスが良くない上に、使う季節が限られるためです」。

都心からのアクセスが良く、通年利用できること。住宅よりも別荘のほうが生き残りの道は厳しいわけである。ただ、生き残りの道が全くないわけではない。バケーションレンタル（貸別荘）、前述のAirbnb、リゾート地のシェアハウスなどなど、利用法自体が現状で適法かどうかは別として増えてはいる。今後、そのあたりの利用が可能になれば、もっと多くの別荘が再利用されるようになるかもしれない。

ところで、唐品氏が挙げた別荘地の中には、たとえば房総半島などのように空き家バンクを作り、人口を呼び戻そうとしている地域もある。田舎暮らしと別荘を利用した多拠点居住は全く異なるものだが、現状、自治体の多くはそれを理解していないと唐品氏は指摘する。

「多拠点居住は短期的にそこに滞在するだけで、居住人口にはなりませんが、ある程度所得のある人たちが中心になるので、来訪時には消費をし、お金は落とす。田舎暮らししたい人はそれとは違い、そこで暮らし、働くものの、逆に当面は行政からの助成が必要なこともある。それぞれのターゲットに合わせた施策を作らなくてはいけないし、物件のマッチングを考えなくてはいけないと思いますが、今は混在していて効率が悪いように思います」。

どのような人口を増やしたいのか。特に都心周辺エリアの自治体ではそのあたりを熟考する必要があるようだ。

第7章

空き家を発生させないために

——孤立死予備軍は空き家予備軍？

報道されているよりも、現実の空き家対策は進んでいる。特にその違いが顕著なのは空き家予防である。空き家が放置されることで問題になるのなら、そもそも発生させないようにすればよいわけで、そのためには高齢者を孤立させないようなことが第一だ。

これについては孤立死対策などとして旧来から団地自治会や町内会などで様々な取り組みが行われてきているが、ここでは海外では行われている高齢者宅に学生が同居する仕組みや、ハードルの低いボランティアで引きこもりやすいシニア男性を外に出そうという活動、さらにはタウンマネジメントを地道に行うことで空き家を発生させないシステムなどをご紹介する。これまでのプライバシー最優先の社会が本当によかったのか、再考も必要なのかもしれない。

†高齢者を孤立させない

最近ではそもそも空き家を発生させないための試みも行われ始めている。具体的には高齢者の孤立を防ごうというものである。高齢者が孤立したままで施設へ住み替えたり、孤立死した場合、その住宅が所有者不明の空き家となる可能性が高くなるためだ。

「空き家問題は空き家になる前に動くのが最大の解決策。そのためにはコミュニティがポイントになります。そもそも、近所づきあいがないような場合には、何かあった時に誰に連絡して良いかが分からないし、亡くなったことに気づかないケースすらあり得る。最近、見かけないいと思っているうちに、空き家になっていたという話もよく聞く。でも、コミュニティがしっかりしているところなら、誰かが親族なり、連絡先を知っているなどで所有者を見つけやすいのです」(前出・野口氏)

もし、後日、相続した人が分かったとしても、所有者を探すのに時間がかかり、空き家期間が長くなると、それだけで住宅は荒れ、価値が下がる。活用しようと思った際の妨げになる。そこで、この章では高齢者を孤立させない、引きこもりにさせないことなどで空き家発生を防ごうとしている試みをいくつかご紹介しよう。

†学生と高齢者宅の空き室をマッチング：街ing本郷

文京区本郷を中心に地域で活動している人たちを繋ぐNPO法人街ing本郷。街の地図を作ったり、ゆかりの文人の歴史を辿って歩くイベントを開いたり、地域全体を百貨店と見立てて個別商店を紹介するパンフレットを作ったり、地域の子どもたちの夏休みの宿題の面倒を見る会を催したりと活動は多岐に渡るが、その中で最近、力を入れていると代表理事の長谷川大氏が挙げるのが「ひとつ屋根の下プロジェクト」。

これは地域に居住する高齢者宅の空室に学生を下宿させようというもの。このエリアには大学が多いが、都心近くで家賃が高いため、大学近くに住むのは難しく、多くの学生は離れた地域に居住している。一方で一人暮らしの高齢者も増えており、住宅内に空いた部屋がある。

そこをマッチングさせることで、シニアには日々の生活に張り合いが生まれ、生活の困りごとを助けてもらったり、夜間の不安の解消などが図れる。学生は手頃な家賃で大学の近くに住めるようになり、一人暮らしの孤独を感じずに済む。うまく行けば互いにメリットがあるわけだ。すでに海外では二〇〇三年の猛暑で多くの一人暮らしの高齢者が亡くなったフランスが発祥となり、学生と同居する例が増えているという。日本でも二〇一三年に福井大学が学生と高齢者の同居を試みている。

街ing本郷では一年間かけて候補者宅、住みたい学生を探し、マッチングを実施、生活ルールを作り、同居という事業を行い、三組の同居が実現した。ただ、そのうち、一組は試行期間中に同居は難しいと解消してしまっており、実質は二組。思っていたより難航したというのが長谷川氏の感想。

「もう少し楽にできると思っていたが、春からスタートして決まったのは冬になってから。意外に難しかった。高齢者側の問題は空室はあっても片付いておらず、片づけるのが大変、どんな人が来るのか分からないので怖い、せっかく一人暮らしで気楽にやっているのにまた、食事を作ったりするのは面倒などなど。家族の反対もあった。また、学生側が躊躇する要因は介護が必要になるのではないか、朝起きて倒れていたら誰の責任になるのかなど。同居の前に細かいルールは作ったものの、それだけでは難しかったようです」。

生活時間、生活習慣が大きく異なること、高齢者にとっては家に他人を入れることへの不安も大きく、その反省を踏まえて、二〇一五年度はシニアと学生が知り合うところから始めるという。

そのため、学生が料理を作ってシニアをもてなす「ひとつ釜の飯プロジェクト」が進められており、初回は満員御礼という盛況ぶり。ある程度顔見知りになってからのマッチングであれば前回よりはスムーズに行くのではないかというのが長谷川氏の読み。「空き家問題は予防が第一ですから、そのための布石としていきたい」と前向きである。

†民間図書館でシニアを引っ張り出す：情報ステーション（船橋）

ここ二〜三年、本を通じて人がつながる場を作ったり、街の活性化など、本を巡る面白い動きが目につくようになってきた。そのひとつに千葉県船橋市に始まった、ＮＰＯ法人情報ステーションが運営する民間図書館がある。二〇〇四年三月、当時大学一年生だった岡直樹氏が地域の活性化、街づくりをテーマに始めた活動の一環で、二〇〇六年には第一号となるふなばし駅前図書館がオープンしている。現在、船橋市内に二四館あるのを始め、首都圏を中心に五二館（うち一館は京都府）。

始まったきっかけは岡氏が抱いた、自分が住む街船橋への疑問。「便利な街でなんでもあるけれど、何もない。秋葉原に行こう、吉祥寺に行こうという人はいても、船橋に行こうという人はいない。ここは人が通り過ぎていくだけの場所になっている」。

引っ越してくる人は多いものの、同様に出ていく人も多く、行ってみれば通過点。それでいいのか。

街に愛着を持ってもらうためには、その街を知ってもらうこと、顔の見える人間関係を作ること、その二つが大事だろうと考え、始めたのが駅前の再開発ビルの一角を利用した図書館である。現在はJR、京成線をつなぐ形になっているビルだが、当時はJRとのみつながっており、どん詰まり状態だった。その活性化を図るため、蔵書は寄付を募り、運営はボランティアを集めることで図書館を運営することにしたのだ。

図書館という形になったのは、当時岡氏が学生で、通学に往復四時間もかかっており、五時に閉まる公立図書館を利用できなかったという個人的な理由もある。駅ビルの中にあるふなばし駅前図書館は平日は夜九時まで開いており、働く人でも利用しやすいのだ。加えて、本は世代も、所得も選ばない。百貨店でも上層階に書店が入っているのは、上の階

情報ステーション（船橋）

に人を集めるシャワー効果を狙ったもの。本には人を集めるパワーがあるだ。

加えて民間の運営には大きなメリットがある。公立の図書館は静かに本を読む、社会教育施設であるが。民間の図書館は交流の場。本を通じて知り合いが増える、ボランティアとして運営に参加すればさらに飛躍的に人間関係が広がる。また、公的な施設に多い制約がなく、個人で利用でき、飲食も場所によっては可能。自分の好きなように利用できる。こうした柔軟さ、岡氏を始めとする運営スタッフの熱心さなどもあり、民間図書館は確実に増えており、ボランティアとして関わる人は七歳から七九歳までの七〇〇人余。幅広い年代が関わっている。

活動の中で分かってきたことがある。それ

は図書館には引きこもる高齢者を社会に引っ張り出す力があることだ。それに気が付いたのは津田沼駅からバスで数分、袖ヶ浦団地内にある商店街内の空き店舗を利用した図書館での利用者増である。この団地は四八年前に入居が始まった古い団地で、独居の高齢者も多い。そうした高齢者が利用者として、あるいはボランティアとして図書館に集まってきているのである。

「朝早い高齢者が多いので、朝一一時オープンのはずが、九時から開いていることも。本を読むというよりも井戸端会議、立ち話の場としても機能しており、シニアボランティアの中にはほぼ毎日、何かしら手伝いに来る人もいらっしゃるほどです」。

リタイア後、家にも地域にも居場所がないと感じる男性は少なくなく、それがやがて引きこもりという形に転ずることがある。実際、古い団地、マンションなどでは孤立死予備軍とも言えそうな人たちが少なからず存在するのは前述した通り。岡氏は図書館がそうした人たちを引っ張り出す契機として機能できるはずだと考えている。

「介護や被災地支援などのボランティアよりもハードルが低いこともあり、シニアのボランティアは増加傾向にあります。窓口に座り、書籍、利用者カードのバーコードを読み取るだけの作業ですから、誰にでもできる。でも、それで感謝され、会話が生まれるのですから、一人自宅にこもっているより、どれだけ楽しいか」。

また、特にシニア層は書籍に何か、他の商品とは異なる、憧れ、畏怖と言った念を感じている人も多い。そのため、他のボランティアには興味がないという人でも本にかかわることならやってみたいということもある。こうした思いをくみ取り、活躍の場を増やしていけば、男性シニアを社会に引っ張り出し、孤立を防ぐこともできるようになってくるのではないだろうか。

†施設入所前サポートで空き家化を防ぐ：ＫＡＩ設計

第1章でご紹介した、築年数の古いマンションで孤立する高齢者の実態を目の当たりにした菅氏は新しいビジネスを立ち上げた。いずれ介護施設に入所することになろうであろう高齢者世帯向けライフサポート事業である。自宅をそのままにして施設に入所することになる高齢者の不安を取り除くと同時に空き家を発生させない仕組みである。

「マンションから高齢者施設へ引っ越す場合、電気、ガス、水道その他のライフラインは忘れずに止めて行くものの、管理費はそのままということが多く、口座の残金が尽きた途端から未納が始まります。それが三年、五年と続くのは管理組合にとって大きな損失です。そこで入所前に情報を摑み、空いた部屋をサブリースできるようにしておけば、防犯上も安心で、かつ、そこから管理費が払え、本人にも収入になります。

また、入所前に生前整理の相談に乗り、遺言状を作る、荷物などの行き先を決め、何かあった時のマネジメントを行い、亡くなった時の連絡先を聞いておくなどすれば、相続人不明になる可能性が減らせます。本来は管理組合がこうした一連の作業ができれば、区分所有者の空洞化を防げるのですが、なかなか、そこまではできないようです」。

分譲マンションに居住する高齢者世帯の悩みは施設入所後の不動産及び家財の管理、認知症等になった際の資産管理、遺産相続の三点。その悩みごとを施設入所前に聞き取り、適切な担当を決めて分担、入所後はその取り決めに従って管理その他を代行するもので、不動産の管理会社、信託銀行、弁護士事務所などと連携して業務にあたるという。

同事業は二〇一五年二月の東京都経営革新計画にも選ばれており、今後、事業を具体的に推進していく予定という。本人にとってだけでなく、管理組合や他の区分所有者にも大きなメリットのある仕組みである。同社独自ではなく、管理組合と共同して進める形にできれば、多くの人にとって活用しやすい、役に立つものになるのではなかろうか。

†街の成長を管理することで空き家を出さない仕組み：山万

そもそも、街の成長をデベロッパーが管理、過剰に住宅を供給せず、時代に合わせた施設を作り続けることなどで価値を維持、空き家を発生させていない街もある。それが千葉県佐倉市西部にあるユーカリが丘である。

一九七一年に開発が始まったユーカリが丘は四四年前から現在に至るまで分譲を手掛けた山万という会社が街の成長を管理してきており、住宅供給は年間約二〇〇戸だけ。全体で約二四五haという広大な土地であり、作るつもりになれば一度に大量の住宅供給ができないことはないが、同社はそれをせず、少しずつ街を成長させてきている。

そのため、他のニュータウンのように一気に高齢化が進むことはなく、当然、高齢者宅の空き家化も防がれる。加えて、そこここに常に未分譲の土地があることになり、山万はそこを利用、その時代ごとに必要な施設を作り続けてきている。

たとえば、ユーカリが丘では待機児童が話題になるよりずっと前、一九九九年には他の街に先駆けて駅前に保育園が作られている。駅前ながら園庭もあり、その双方が揃っていることが話題になった。同園は当初認可外としてスタート、二〇〇四年には千葉県内で初めて民間会社が運営する認可保育園として認定を受けてもいる。

また、近年では高齢者向けの施設を充実させてきており、二〇〇二年にはエリア北側にある約一五haを「福祉の街」にすることを発表、着々と施設を増やし続けている。しかも単に医療・福祉施設のある高齢者だけのエリアというのではなく、多世代の交流があり、在宅介護の基地としての機能、教育機関なども備えたものになる予定とか。すでに作られ

水田、寺社とタワーマンションが併存するユーカリが丘

た施設の中に認知症の高齢者が暮らすグループホームと学童保育を併設した千葉県では初めての幼老統合型施設があると聞けば、その先進性がお分かりいただけるだろう。

これ以外にも二〇一六年には大規模商業施設イオンタウンユーカリが丘が完成する予定となっており、さらに現在は佐倉市が発祥の順天堂大学のスポーツ健康科学部の誘致も行われている。時代に合わせて、少しずつ街はチューニングされ、そこに住む価値は維持し続けているのである。

山万が街の価値を維持するために行っているのは施設の整備、誘致だけではない。住宅に関しては、非常に大事な、他にない仕組みがある。それがハッピーサークルシステムと呼ばれる一〇〇%買取りサポートである。

これはユーカリが丘内で住み替えのために山万が分譲する物件を購入する場合には住まいを査定額一〇〇%、仲介手数料不要で買い取ってもらえるというもの。この仕組みを使えば、若く、予算が少ない時に中古のリノベーションマンションを購入、子どもが増えるなどして広い住まいが必要になったら一戸建てに買換え、高齢になり、子どもがいなくなったらクリニックや生活サポートのあるマンション、あるいは住宅型有料老人ホームや介護付き有料老人ホームへと移るなど、ライフスタイルの変化に合わせて住み替えが可能になる。第1章で日本では住宅を買うと貧乏になり、高齢になっても建物が古いと価値ゼロとされ、住替えられなくなると書いたが、この街ではデベロッパーが買取りを通じて価格維持に努めているため、日本の他の街ではできないことが可能になっているのである。

†年に三回、自宅を訪問

また、これに加え、二〇〇九年からは山万のスタッフが各戸を回る活動も行われている。三人のスタッフでエリア内の約七二〇〇世帯を年に三回訪問するというもので、ここで街への不満や要望などを細かく吸い上げているという。実際に訪問を担当する山万の新井将晃氏によると「一日五〇軒ほど訪問するものの、お目にかかれるのは二〇〜三〇軒ほど」というが、その地道さは他に例がない。

東日本大震災翌日には社員総出で全戸を回り、訪問し終わった時には夜中だったとか。だが、独居の高齢者には涙を流して喜ぶ人がいたり、スタッフに抱き付く人がいたりと、たいへんに喜ばれたそうだ。その後、米、水が一時的に足りなくなった時には山形から大型トラックでコメを買い付けてきて配ったり、乳幼児のいる家庭には提携していた飲料メーカーや新潟から買い付けた水を配ったりという活動もしている。

こうした活動は独居高齢者対策、空き家対策として始められたものではないものの、そうした役割も担っていることは間違いない。街全体に対して、住宅に対して、住む人一人ひとりに対して山万は常に売ったものとしての責任を持とうとし続けているわけである。

ところで、ユーカリが丘はこれまで何度も様々な形で取り上げられており、多くのデベロッパー、自治体が視察に訪れているはずである。だが、追随するところは今のところ出ていない。できないということだろうか、やりたくないというところだろうか。視察後の企業、自治体でどのような話が交わされたかを想像すると、この街の独自性が分かるというものである。

第8章

自分事としての空き家問題

——買う時、残す時、受け取った時

最後の章では空き家問題が我が身に降りかかってきた場合の対処法を考えておきたい。

一人っ子同士の夫婦であれば、それぞれの実家をどうするかを考えざるを得ないし、子どものいない夫婦であれば自分たちが残す家は誰かに処分してもらわなくてはいけない。立地や物件の要件などによっては不動産が負の財産になる可能性がある時代が到来しつつある今、不動産との付き合い方はこれまでよりもっとシビアにならざるを得ない。不動産は自分の財産であると同時に社会の財産でもあり、放置すれば社会に害悪をもたらすこともあるのだ。空き家問題が先送り問題であったことを考えると、その解決が先送りで良いわけはない。ツケを子どもたちや未来の社会に残さないよう、立場ごとに何をすべきかを考えてみた。

（1）買う時……宣伝文句としての資産価値に騙されない

せっかく買った家を将来、空き家にしないためにはどうすれば良いか。ひとつには資産価値が落ちにくい家を買うことである。

さて、その資産価値とは何か。最近の不動産広告では資産価値が謳われるケースが増えているが、残念ながら現状の仕組みの中では建物そのものだけでは資産価値が維持しにくいのは第1章で述べた通り。どこにあるか、どんな場所か、街の要件のほうが価値の維持には大きな意味を持つのである。

そのため、宣伝文句をそのまま鵜呑みにするのではなく、購入したい物件の立地を客観的に考えてみる必要がある。その時に参考にしていただきたいのは、第2章で挙げた立地を三段階で考えるという方法である。

利便性が高いほど空き家になる可能性が低いとすると、利便性の高い場所に買うほどリスクは軽減できるわけだが、残念ながらたいていの場合には予算があり、通勤・通学先が決まっており、好みや購入以前の人間関係などがあり、好きには選べないのが現実だ。

だが、その場合でも選べる範囲の中でもっとも利便性の高いエリアを選ぶことはできるはず。たとえば首都圏全域で見た時には利便性が低いエリアを選んでいるとしても、そのエリアの中でも利便性の高いエリアはあるし、最寄り駅との関係で利便性が高い立地もありうる。いずれかの段階で選ばれる可能性が高い立地を選ぶ、それだけでも漠然と選ぶよりはリスクは軽減される。

利便性以外では愛着を持ち、長く居住する人が多い街を選ぶという考え方もある。そこにしかない風景、文物、人間関係がある土地は愛着を持つ人が多く、新しく居を構えようとする人にも選ばれやすい。歴史のある街という言い方もできるだろう。

特に今後は人間関係が大きなポイントになる。「その街に一〇〇人友だちがいたら、引っ越そうとは思わないでしょう?」とは前出の船橋市で民間図書館を運営する岡氏の言葉である。首都圏をはじめとする都会の利便性は都心以外ではどこもそれほどには大きく変わらない。そこで、街として生き残るためには、そこに住み続けたい、そこが好きだという人をどれだけ作れるか。要は人間関係である。

現状では建物自体の資産価値が維持されにくいとしても、今後、国土交通省も進める中古住宅の流通が推進されていけば、適正に査定、取引されるようになる可能性は高い。それを考えれば、建物として長く持つ、メンテナンスがしやすい工夫のある建物を選ぶと同時に住宅の来歴を残す仕組みを備えた物件を選んでおきたい。

具体的には一般社団法人住宅履歴情報蓄積・活用推進協議会が進める住宅履歴情報いえかるてに登録、履歴を残して行くというやり方などである。いえかるて以外にも個別の工務店が履歴情報を管理する仕組みを作っている例もあり、いずれかの場所に住宅の履歴情報を残しておくことは売却時に役立つ。

地域が資産価値維持の決め手となることを考えると、購入後は地域に関与していくことも自分の財産の価値を保つためには大事である。といっても大げさに考える必要はない。近所の人に挨拶をする、我が家の周辺をきれいに保つ、道端のゴミを拾う、地域の団体に参加する、そんなことでも地域は変わるのである。

マンションの場合、立地は慎重に検討する必要はあるものの、管理については管理組合次第。自分一人ではなんともできないが、管理組合の理事などとして組合全体を動かしていくという手はある。働いている人の多くは時間がないと管理組合の役員にはなりたがらないが、管理組合は資産管理団体である。維持したいのであれば、積極的に関与するほうが賢明である。

特に、今後の管理組合運営に当たってはここまでで明らかになった、将来への不安をあらかじめ摘み取っていくようなやり方を考える必要がある。具体的には区分所有者のうちの外国人、単身高齢者への対応だ。どちらについても現時点での連絡先、その人に何かあった時の連絡先を把握しておくことは最低限必要である。さらに外国人所有者については議決権の五分の一以上にならないようにしたいところだが、現時点でその制限は難しい。であれば、現状がどうなっているかだけでも常に管理組合が知っておくようにしたいところだ。

†相続するなら買わない選択も

そもそも、都心近くなどに実家があり、いずれ相続する予定があるなら、家を買う必要はないという考えもある。不動産の売買仲介などを手がけるあゆみリアルティーサービスの田中歩氏は住宅購入希望者にそうアドバイスすることがあるという。

「一人っ子同士のご夫婦の場合、いずれ二軒の家を相続することになります。そのうち、どちらかでも都心に近く、通勤可能な場所にあるなら、いずれはそこに住むことにして、家を買わない選択もあり得ます。そうすれば少なくとも、空き家は一軒に抑えられます。賃料を払う必要はありますが、住宅ローンと違い、住み替えがしやすく、自由。購入しない分、豊かに生きられる可能性もあります」。

だが、その場合、若いうちは良いものの、相続をしないまま、五〇代、六〇代と年をとっていくと賃貸住宅は借りにくくなるのではないかという懸念がある。確かに現状では高齢者には貸したくないという大家が少なくないものの、高齢者が社会の多くを占めるようになれば貸さないという選択はしにくくなる。

保証人を立てにくいという問題に関してはすでに保証会社が一般的になりつつあるし、二〇一三年に成立した改正高年齢者雇用法で二〇二五年度には継続雇用を希望する人の六五歳までの雇用が義務付けられる。本人の健康の問題は別とすれば、仕事も収入もある状態が延長されるわけで、借りられない不安はだいぶ解消されるはずだ。

また、子どものいる時代だけ広い一戸建ての空き家を借りるようにすれば、空き家活用を増やすことにも繋がる。その意味ではむやみに新築を増やすのではなく、現在ある住宅を循環して使うことにすれば、自分自身も空き家を背負い込まなくて済むというわけだ。

(2) 残す時……老前整理で家財だけでも処分

相続後の問題は自分ひとりで考えていても始まらない。相続することになる子どもその他関係者の意見を聞き、利用される可能性があるのかを知ることが大事である。もし、誰かが引き継いで利用してくれるなら良いが、そうでないとしたら、どうすべきか、もし、考える余裕があるなら考えておきたい。

子どもたちが使わないなら、ご近所、近隣に自分の土地が欲しい人がいないかを探ってみておくことという手がある。地方での不動産取引は半径一〜二キロの狭い範囲で行われることが多く、近所の人が買う例が少なくないのである。

売却では難しい場合には贈与してしまうという方法もある。評価額が一一〇万円未満であれば、贈与されたほうも贈与税を払う必要がないので、もらいやすくなる。そこに住んでいない人間には無用の不動産でも、地元の人にとっては役立つこともある。死蔵されるよりは、活用される方法を探りたい。

現在の住まいに住み続けることを前提に、自分亡き後のことを考えるのであれば、子どもたちができるだけ早めに相続した家を手放せるように、その意思を相続する子どもたちなどに伝えておくことが大事である。家に愛着があるから売れないというケースでは、親に申し訳ないという気持ちが底流にあることが多い。そこで三回忌まではなどと問題を先延ばしし、そのうちに売却しにくくなるのである。

これを防ぐのは残す人の意思である。私が死んだらこの家を売って兄弟で仲良く分けるようにと何度も言われていれば、親に申し訳ないと躊躇させずに済む。子どもたちなど関係者が集まる機会があったら、全員の前で意思を鮮明にし、後を頼んでおけば、もめ事を減らすことになるはずだ。

今の家が広すぎる、もっと利便性の高い場所に住み替えたい、あるいは老人ホームなどに入所したいという場合には一般社団法人移住・住み替え支援機構が運営するマイホーム借上げ制度を利用し、自宅を貸すという手がある。この制度を利用すれば、転居しても我が家を空き家にせずに済むし、自分亡き後、子どもが住まない場合にも、そのまま貸し続けられる可能性が出てくる。

制度の対象となるのは五〇歳以上の所有者で一定の耐震性能が確保されていれば、一戸建て、マンションともに貸すことができる。一人目の入居者が決まった後、空き家になった場合でも生涯に渡って査定賃料下限の85%を目安に賃料収入が得られることもある。もし、子どもが住みたい、自分がまた住みたいということになったら、三年ごとの契約更新時に更新しなければ良いだけである。

ただし、所有者にとって有利な条件になっている分、家賃は周辺相場より一、二割は安めに設定され、敷金や礼金を受け取ることもない。また、この制度はシニア層の住まいを子育て世帯に安く貸すことで世代間の住居需要のミスマッチを解消することが目的のため、子育て世帯のニーズがない地域では制度そのものが使えないこともある。

相続する人、相続したい人がいない場合には、所得、不動産の評価額などに制限があるため、使える人は限られるが、家を担保に生活費を借り、亡くなった時にその家を売却して返済するという仕組みを利用する方法がある。リバースモゲージと呼ばれるこの方法には金融機関が行うものと、地域の社会福祉協議会が行っているものがある。

ここでは後者の仕組みを、東京都社会福祉協議会を例に簡単に説明しよう。対象となるのは借入申込者が単独で所有している不動産に所有している世帯で、マンションなどの共同住宅、借地には使えない。世帯の構成員は原則として六五歳以上で、世帯員の収入は区市町村民税非課税または均等割課税程度の低所得世帯であることが要件である。

担保となる不動産は土地の評価額がおおむね一五〇〇万円以上の一戸建てとなっている

が、場合によっては一〇〇〇万円程度でも対象となることもある。貸付額は月額で三〇万円以内で、貸付限度額は担保となる土地評価額の七〇％まで。一五〇〇万円の評価となる不動産を担保とした場合で、一〇五〇万円まで借りられる計算だ。

この方法を使えば、担保となる家は本人の死亡後、自動的に人手に渡ることになるので、後日は心配しなくてよい。ただし、被相続人の同意が必要なため、住まなくても家は欲しいと子どもが主張した場合には使えない。要件、制度の有無については地域によって異なるので、詳細は地域の社会福祉協議会に問合せて見てほしい。

ちなみに金融機関の商品としても二〇一三年頃から急増、現在は地方銀行を中心に約三〇行が取り扱っている。二〇一五年に三井住友銀行も扱いを始めたため、三大メガバンクの商品も出揃った。こちらも詳細は金融機関により、大きく異なる。社会福祉協議会の制度より、担保となる不動産の評価額が高いのが一般的だ。

相続する人がいない、身寄りがないという場合には死後事務委任契約をしておくという手もある。これは委任者、つまり本人が個人、法人を含む第三者に亡くなった後の諸手続き、葬儀、納骨、埋葬などに関する事務等についての代理権を付与しておき、死後の事務を委任する契約のこと。家族の代わりに死後に必要な手続きを代行してもらう契約と言えば分かりやすいだろう。委任先としては弁護士、司法書士、行政書士などが一般的で契約は公正証書にして残しておけば万全である。

どのような事態になろうが、できればやっておきたいのは家財の整理である。空き家が放置される理由のひとつに、ゴミを片づけるのが面倒、お金がかかるなどが上がっていることを考えると、周囲に迷惑をかけないためには、少しずつでも減らしておきたいところだ。自治体によっては高齢者が住宅内の粗大ごみなどを廃棄する場合には清掃関係の職員などが訪問して収集してくれるサービスを行っているので、そうしたサービスを利用するのも手。最近では書籍、レコード、釣り具、ゴルフグッズその他いろいろな商品の訪問買取りサービスもある。

(3) 受け取った時……とりあえず放置は問題を悪化させる

遠隔地に住んでおり、相続してもその家には誰も住まないことが分かっているなら、早々に情報収集をしておき、売却、賃貸、活用のうち、何ができるかをなんとなくでも考えておきたい。

まず当たっておきたいのは自治体だ。何かしらの空き家対策を行っていたら、それを利用する手がある。空き家バンクがあるなら、登録して利用してもらう手があるし、活用に対する助成を行っているならそれを利用して使ってもらえないかを探ってみても良いだろう。中には管理に対して助成してくれる自治体もあるから、それを利用すれば、結論を出すまで近隣に迷惑を掛けずに済む。

都市にある物件なら地域の不動産事情、不動産会社を調べておき、相談してみるという方法もある。不動産会社は宅地建物取引業者の団体である公益社団法人全国宅地建物取引業協会連合会のホームページから検索できる。

ただし、前述したように、売る、貸すならまだしも、活用に関しては提案できる不動産会社が少なく、そもそも、ある程度以上の金額の物件でなければ取引を仲介したがらない不動産会社もある。

「不動産の仲介手数料は取引額に対しての割合で上限が決められています。売買の場合、一〇〇万円なら五万円プラス消費税、三〇〇〇万円なら九六万円プラス消費税。大きな差があるわけですが、金額にこれほど差があるにもかかわらず、仲介する手間はそれほど変わらない。五万円しかもらえない一〇〇万円の取引でも一戸建てなら調べる項目も多く面倒。そうなると、当然、価額の安い取引はしたくない。一〇〇〇万円以下の物件は相手にしたくないという仲介業者の話も聞きます」（前出・新井氏）

地元の不動産会社に仲介を依頼したものの、一年、二年そのままとはよく聞く話だが、その理由のかなりの部分は売れない、借り手がいないからではなく、不動産会社が儲からないと思い、放置しておくからなのかもしれない。

それなら新井氏がやっているように、リフォームして売買すれば良いと思うが、それも難しい。というのは、一般の不動産会社には建物は分からないのだ。不動産の取引に当たっては宅地建物取引士という資格を持った人たちが関わるが、この資格試験には建物に関しての設問はほとんどない。だから、自分で勉強している人でなければ、大半の不動産会社の有資格者は建物を見ても何も判断はできない。

しかも、新築と違い、中古は判断が難しい。前出のカチタスでも営業担当者、工務店、シロアリ業者の三者で建物を見て、使えるかどうかを判断しているそうで、そこまで見ないと古い建物がその後二〇年、三〇年持つかどうかは分からないという。不動産取引が活発な地域で、概観して一〇〇〇万円以上で取引できそうというのであれば、地元の不動産会社で扱ってもらえるだろうが、それ以下だと難しいというわけだ。

ちなみに昭和四〇~五〇年代くらいまでに建てられた家を地方で売るためには建物そのものがある程度しっかりしていることに加え、駐車場が複数台分あることがポイントだという。

「今だと一人一台という地域もあり、駐車場一台分の家は売れません。でも、敷地、道路付けなどから二台、三台と増やせるところなら大丈夫。弊社では隣の土地を買って増やすケースもあるほどです。駐車場を一台分増やすと、物件の価値は一〇〇万円アップすると考えています」。

とはいえ、都会の不動産価格で地方のそれを考えてはいけない。都会では古い家でもリノベーションすることで高く売れることがありうるが、地方ではそうした部分にお金を払う人は少なく、家賃並みで買えるかどうかが優先される。売却する時には価額に過大な期待をしないことである。

また、相続した不動産を売却するつもりなら、住まなくなってから三年目の年末までに売れば居住用財産を譲渡した場合の三〇〇〇万円の特別控除の特例が使えることを覚えておこう。三〇〇〇万円までの譲渡益には課税されないのである。これが使えないと、譲渡益に対して二〇・三一五%の税率で課税が行われる。金銭的に得したいなら、これが使える期間内に売却するほうが良いわけだ。

近くに住んでいる場合には、自分で管理できるのがメリット。週に一度以上風を通すようにすれば、多少は劣化を防ぐことができる。ただ、自分で管理するにせよ、委託するにせよ、管理だけで現状を維持しようとするのは問題を先送りするだけ。周囲に迷惑をかけないだけましだし、特定空き家の指定されるのを防ぐためにも管理は有効だが、管理だけでは家は傷む。家は人が住まなくなると、加速度的に劣化するものなのだ。そして、問題は先送りした分、解決が難しくなる。とりあえず管理だけするという場合でも、あらかじめ三回忌を目途に処分を考えるなど、目標を決め、それに向かって動くようにし、早期の解決を図りたいものである。

また、近くに住んでいる場合には自分で活用する、活用する人を探すなどの手もある。やる気があるなら、本書でも一部を取り上げたように、世の中には様々な事例がある。そうしたものを参考にすれば、できることは意外に多い。チャレンジしてみていただきたいものである。

もうひとつ、最初から相続しないという方法もありうる。相続放棄である。これは相続があったことを知った時から三カ月以内に家庭裁判所に申述することででき、専門家に頼まずとも、一般の人でも手続きできる。

ただし、面倒なことに家は相続しないが、預貯金は相続したいなどといった、財産を選択しての放棄、相続はできない。単純相続で全部相続するか、相続放棄で全部相続しないか、どちらかしか選択できないわけで（＊）、家だけが相続財産である場合には放棄でよいが、預貯金その他がある場合には難しい。あらかじめ、財産の内訳を詳細に検討、その上で選択をするしかないが、これを相続後の三カ月でやるには無理がある。もし、相続放棄も視野に入れているなら、あらかじめ、財産全体を把握しておく必要があるだろう。
ちなみに相続した不動産を地元の自治体や学校その他に寄贈するという方法もあるが、よほど相手にとってメリットがある財産でなければ受け取る側に負担がかかるため、受け取ってもらえないのが現状。可能性があるとしたら、木密地域でその土地を防災上有効に使える、公園の少ない地域で公園として使えるなど。更地にすれば多少可能性は高くなるが、そのあたりは地元に打診してみるしかない。

（＊）実際には被相続人に債務がある場合で、しかも、その債務の額が不明で、財産が残る可能性もあるような場合などには、相続人が相続で得た財産の限度内で被相続人の債務の負担を受け継ぐ限定承認という方法もある。

コラム　隠れた空き家問題③ＵＲなど公的住宅
――団地に経済の循環を作ることで社会が変わる

都市再生機構（ＵＲ）や公営住宅も空室を多数抱えている。たとえばＵＲの場合には約七七万戸のうち、一一％ほどが空室となっており、戸数にして七万七〇〇〇戸ほど。しかも、居住者の年齢は年々上昇しており、平成二二年の調査では世帯主の平均年齢は五六・八歳。世帯主が六五歳以上の世帯の割合は三五％になっており、高齢単身者世帯も一五％を占めるに至っている。周囲の地域に比べ、団地内の高齢化率が倍という例もあり、現状の空き家は全国平均に比べて低くは見えるものの、放置しておいて良い状況ではない。

こうした事態を受け、ＵＲでは様々な取り組みを行っている。たとえば、子育て世帯や学生が入居しやすいように入居時に各種の優遇措置を設ける、無印良品と組んで団地リノベーションを行う、建替えに当たって高齢者向け施設の立地を推進するなどなど。

だが、団地の再生については否定的な声も少なくない。都心であれば利便性、地方であればその土地ならではの産物、風景などの魅力があるが、住むことだけを目的にその中間に作られた団地には場所として人を惹きつけるものがないという意見である。そこに住みたい人が増えるわけはないと。

それに対して全く異なる観点から団地再生の可能性を語るのが、ゆいま～るシリーズなどの高齢者向けの住宅を手掛け、子どもから高齢者まで多世代が共に暮らせるコミュニティづくりの実現を図るコミュニティネットの高橋英與氏である。

「都市と地方の中間にある団地では空き家が増えて、見捨てられそうになっているところも少なくありません。では、なぜ、中間にある団地がダメかというと、そこでは生活と仕事が分かれてしまっているからです。団地は生活するだけの場所で、そこに住む人は団地外に働きに行く。

でも、それをひとつにして団地の中で生活も仕事もできるようにすれば、そこで経済は回っていきます。そのためにはコミュニティを作り、そこで食べるもの、エネルギー、子育て、生活支援、その他いろいろなものが循環する仕組みを作ればいい。そうすれば、団地は再生できます」。

団地の中に高齢者を支援する施設を作る。すると、施設で働く人が必要になる。そこで子どもを持つ母親が働くとしたら、今度は子どもを預ける施設が必要になる。そこまでた働く人が必要になる。人が集まるということは、働く場と地域の拠点を作ることでもある。そうやって仕事が生まれ、経済の循環が生まれる。それが団地再生の仕組みだというのだ。

考えてみると、江戸時代の幕藩体制はそのように地域ごとに経済が回る仕組みだったし、昭和初期までの町も同様にそのエリア内で買い物から外食、娯楽までができるようになっており、小さな経済がそこで回っていた。ある種、自給自足的な経済だったわけだ。

だが、高度経済成長期、消費と生産が分かれ、様々なものが効率優先の名目で分けられていく。職住が分離したのもこの時代であり、それによって団地は生まれた。今、その仕組みが高齢化、少子化、経済低迷などで立ちいかなくなっている。国や自治体がすべての面倒を見られるような時代でもない。

とすると、誰がというのではなく、誰もが知恵を出しあって違う仕組みを作らなければならない。幸いにして団地は人が集まっている場所であり、そうした仕組みを作るには適している。それが高橋氏のいう団地の可能性である。

「戦後の経済成長はそれまでの価値観をひっくり返してきました。今はそれをもう一度ひっくり返す時期です。もちろん、元に戻そうとか、何かの価値一色にしようというわけではありません。生活を見直そうというのです。このまま、経済至上でいいのですか、モノは使い捨てでいいのですか、プライバシー最優先でいいのですか？　これはコミュニティ革命であり、明治維新以降の大きな転換期です。歴史上の分岐点と言ってもいいかもしれません」。

空き家、高齢化はネガティブに捉えられがちだし、郊外の団地も時勢に合わない場所と切り捨てられがちだ。しかし、そこにこそ、可能性があるというわけだ。

ただ、そのためには障壁もある。組織が大きくなると危機感を感じにくくなるのだろう。逼迫している状況を他人事にしか感じられない人も少なくないし、建築基準法、消防法などの法令の問題もある。

たとえば、同社では東京都板橋区のUR高島平団地で空き住戸を利用してサービス付き高齢者向け住宅（ゆいま〜る高島平）を作っている。ひとつの建物をサービス付き高齢者向け住宅にしたのではなく、既存の団地1棟内に点在する部屋をその住宅としたため、老人福祉法や建築基準法等の制度との整合性が求められた。階段や廊下の幅をどうする、スプリンクラー設置の是非はと様々な問題が生じたのである。法律はほんの一〇センチの違いでもダメといったらダメなのだ。

しかし、明るい話題もある。これまでは空き家の活用が進まなかったのは個別性が高く、面倒が多い空き家再生より、ノウハウがなくてもラクして作れる新築を作りたいと考える人が多かったからだが、最近では自分で考えてチャレンジする人が増えているという。「今の二〇代、三〇代の人にはラクして自分の力を使わない仕事は嫌だという考えが出てきています。性差、差別意識も少なくなってきており、フラットにモノを考えられる。四〇代後半から六〇代のピラミッドの中で終身雇用されてきた人たちとはかなり違う。その人たちが主流になってくれれば世の中は変わる。物質的な豊かさは減ってしまうとしても、心の豊かさは増加、良い社会が築けると思いますよ」。

空き家をきっかけに社会が変わる。高橋氏の中での空き家は解決すべき問題ではあるが、その解決は変化への足がかりでもある。しかも、良い方向への。そう考えられれば団地の、空き家の未来は決して暗いものではない。

さいごに

ここ何年か、不動産の活用をテーマに取材を続けていたのだが、ふと、気がつくと、かなりの例が空き家を利用していた。空き家をマイナスと思わないところから入ったので、「こんなに空き家がある。たいへんだ！」といった論調の報道には違和感を覚えていた。もちろん、どうしようもない建物、活用しにくい立地もあり、それが所有者にとって大きな負担になることは知っている。すべての空き家が活用できるわけではないのだ。

それでも、個別に問題、事情が異なる空き家をどうやったら活用できるか、一生懸命に知恵を絞る人たちがいる。事例で紹介した尾道の豊田さんのように、どんな建物でも可愛くてたまらない、なんとか生かしてあげたいと思う人がいる。

その状況に不動産に関わる人たちの変化を感じる。かつては早く、大量に作り、ラクして儲けたい、手間のかかることはやりたくないという人が主流で、手間のかかる古いモノを大事にしましょうなどと言うと、何を寝ぼけたことをと馬鹿にされたものである。

しかも、この流れは不動産に限らない。たぶん、どのような業界でも同じように機械的な大量生産だけでは立ちいかないという事態に直面しているのではないかと思う。業界を超え、社会としても同じような危機を感じているのでないかと思う。

その中での空き家であると考えると、これは良い材料である。これからの社会を再考し、再構築していく上で、様々に役立つはずで、ある意味財産である。発生の経過を考えると、負の財産ではあるものの、これを財産として活用していける人、つまり過去のマイナスを将来のプラスに転じさせられる人がこれからの社会を作って行くのだろうと思う。

その上で今後の空き家問題を考える上でのキーワードを2つ、挙げておきたい。ひとつは愛情である。高度経済成長期以降、私たちが効率を優先する中で忘れてきたものであり、それが今回のテーマで言えば家を、建物をつまらなくした。だが、これからの日本はなんでもかんでもを使い捨てにできる金持ち国家ではない。あるものを上手に、大切に使っていく文化を思い出したい。

もうひとつは連携である。空き家は個別性が高く、何かひとつの施策ですべての問題が氷解するような問題ではない。数も多い。上手に活用し、社会の役に立ってもらうためには行政と民間、住宅政策と福祉政策、宅地と農地など、様々な主体が連携し、情報を共有していく必要がある。これまでのように、自分に与えられた仕事だけを短いタームで考えるのはやめ、幅広い目であたりを見回す。そんなやり方が必要である。

　最後にこの本を書くために取材させていただいた多くの方々、手助け、助言をくださった方々に感謝の言葉を述べたい。この本は物理的には私が書いたものではあるが、実際には私が深く尊敬する多くの方々の仕事が私にこれを書かせてくれた。拝謝。

†参考資料（本文中に明記したものを除く）

・浅見泰司編著「都市の空閑空き家を考える」プログレス　二〇一四
・天野隆「やってはいけない『実家』の相続」青春出版社　二〇一五
・一般財団法人森記念財団都市整備研究所「東京サーベイブック3　東京を訪れる人達　ー東京40km圏の人の移動と滞留（推計・分析編）」二〇一三
・大木祐悟「マンション再生　経験豊富な実務家による大規模修繕・改修と建替えの実践的アドバイス」プログレス　二〇一四
・株式会社ネクスト HOME'S 総研「STOCK&RENOVATION2014」二〇一四
・司馬遼太郎対談集「土地と日本人」中公文庫　一九八〇
・中川寛子「予算100万円でもできる　不動産投資成功しました」翔泳社　二〇一四
・水野和夫「資本主義の終焉と歴史の危機」集英社新書　二〇一四
・吉田正博「『消えない都市』の条件」幻冬舎ルネッサンス新書　二〇一五
・米山秀隆「空き家急増の真実」日本経済新聞社　二〇一二

†取材協力

・株式会社ネクスト HOME'S 総研所長　島原万丈氏　http://www.homes.co.jp/souken/
・ダブルスネットワーク代表取締役社長　若本修治氏　http://www.cms-hiroshima.com/

・東京財団研究員兼政策プロデューサー　吉原祥子氏　http://www.tkfd.or.jp/
・KAI設計　菅潤一郎氏　http://kaisekkei.com/
・旭化成不動産レジデンスマンション建替え研究所　大木祐悟氏
http://www.afr-web.co.jp/tatekae-lab/introduction/index.html/
・カチタス　代表取締役社長　新井健資氏　http://katitas.jp/
・財団法人世田谷トラストまちづくり・トラストまちづくり課　浅海義治氏
http://www.setagayatm.or.jp/
・NPO法人街ing本郷　代表理事　長谷川大氏　http://matching-h.jp/
・まちひとこと総合計画室　田邊寛子氏
http://www.tanabe-consul.jp/machihitokoto/idea.html
・曽田文庫分館　宍戸容代氏
・市萬　代表取締役社長　西島昭氏　http://ichiman.co.jp/
・野口都市研究所　野口和雄氏　http://www.noguchi-ul.com/pg95.html
・オモロー不動産　青山幸成氏　http://omoro-fudosan.jp/
・さくらハウス　加藤隆氏　http://www.rakumachi.jp/news/archives/author/mosuke-kato
・HAGISO　宮崎晃吉氏　http://hagiso.jp/
・たからの庭　島津健氏　http://takaranoniwa.com/
・ルーヴィス　福井信行氏　http://www.roovice.com/

・M&Kカンパニー　齋幸浩介氏　http://www.mkcompany.jp/pc.html
・スイッチコネクション　関戸正彦氏　http://switch-connection.com/
・暮らし研究所『エメラルドホーム』高橋洋子氏
http://emeraldhome.sakura.ne.jp/index.php
・中宏文建築設計事務所　中宏文氏　http://anshinkaisyu.web.fc2.com/
・東北大学法科大学院　白川泰之氏
・阪井土地開発　阪井ひとみ氏　http://www.sakaitotikaihatu.jp/
・(株)アンディート　安藤勝信氏
・風組・渡邉設計室　渡邉義孝氏　http://homepage3.nifty.com/w_yoshi/index.html
・島根県雲南市役所政策企画部うんなん暮らし推進課　奥田清氏
http://hokkori-unnan.jp/
・NPO法人情報ステーション　岡直樹氏　http://www.infosta.org/
・山万　小川智久氏　http://town.yukarigaoka.jp/
・あゆみリアルティーサービス　田中歩氏　http://www.ayumi-ltd.com/
・別荘リゾートネット　唐品知浩氏　http://bessoresort.net/
・コミュニティネット　代表取締役社長　高橋英與氏　http://c-net.jp/
・新堀アトリエ一級建築士事務所　新堀学氏

ちくま新書
1153

解決《かいけつ》！ 空《あ》き家《や》問題《もんだい》

二〇一五年一一月一〇日 第一刷発行

著者 中川寛子（なかがわ・ひろこ）

発行者 山野浩一
発行所 株式会社 筑摩書房
東京都台東区蔵前二-五-三 郵便番号一一一-八七五五
振替〇〇一六〇-八-四一二三
装幀者 間村俊一
印刷・製本 三松堂印刷 株式会社

本書をコピー、スキャニング等の方法により無許諾で複製することは、
法令に規定された場合を除いて禁止されています。請負業者等の第三者
によるデジタル化は一切認められていませんので、ご注意ください。

乱丁・落丁本の場合は、左記宛にご送付下さい。
送料小社負担でお取り替えいたします。
ご注文・お問い合わせも左記へお願いいたします。
〒三三一-八五〇七 さいたま市北区櫛引町二-六〇四
筑摩書房サービスセンター 電話〇四八-六五一-〇〇五三

© NAKAGAWA Hiroko 2015 Printed in Japan

ISBN978-4-480-06858-3 C0236

ちくま新書

312 天下無双の建築学入門　藤森照信

柱とは？　天井とは？　屋根とは？　日頃我々が目にする日本建築の歴史は長い。建築史家の観点をも交え、初学者に向け、建物の基本構造から説く気鋭の建築入門。

427 週末起業　藤井孝一

週末を利用すれば、会社に勤めながらローリスクで起業できる！　本書では「こんな時代」をたくましく生きる術を提案し、その魅力と具体的な事例を紹介する。

800 コミュニティを問いなおす——つながり・都市・日本社会の未来　広井良典

高度成長を支えた古い共同体が崩れ、個人の社会的孤立が深刻化する日本。人々の「つながり」をいかに築き直すかが最大の課題だ。幸福な生の基盤を根っこから問う。

822 マーケティングを学ぶ　石井淳蔵

市場が成熟化した現代、生活者との関係をどうデザインするかが企業にとって大きな課題となる。著者はここを起点にこれからのマーケティング像を明快に提示する。

813 それでも子どもは減っていく　本田和子

出生率低下は成熟社会に伴う必然。「少なく産みたい」女性の実態を明かしつつ、子どもが「少なく存在すること」の意味を追求し、我々が彼らに託すものを展望する。

847 成熟日本への進路——「成長論」から「分配論」へ　波頭亮

日本は成長期を終え成熟フェーズに入った。旧来の成長モデルの政策も制度ももはや無効であり改革は急務である。国民が真に幸せだと思える国家ビジョンを緊急提言。

1100 地方消滅の罠——「増田レポート」と人口減少社会の正体　山下祐介

「半数の市町村が消滅する」は嘘だ。「選択と集中」などという論理を振りかざし、地方を消滅させようとしているのは誰なのか。いま話題の増田レポートの虚妄を暴く。